国家自然科学基金项目"我国西南与东南亚地区迁移农业演变规律及其响应过程模拟研究"(项目编号:42101268)

饶永恒 著

基于迁移农业的区域土地利用变化研究

中国社会科学出版社

图书在版编目（CIP）数据

基于迁移农业的区域土地利用变化研究 / 饶永恒著 . —北京：中国社会科学出版社，2023.8
ISBN 978-7-5227-2424-9

Ⅰ.①基⋯ Ⅱ.①饶⋯ Ⅲ.①农业用地—土地利用—研究—中国 Ⅳ.①F321.1

中国国家版本馆 CIP 数据核字（2023）第 153020 号

出 版 人	赵剑英
责任编辑	任睿明　刘晓红
责任校对	阎红蕾
责任印制	戴　宽
出　　版	中国社会科学出版社
社　　址	北京鼓楼西大街甲 158 号
邮　　编	100720
网　　址	http://www.csspw.cn
发 行 部	010-84083685
门 市 部	010-84029450
经　　销	新华书店及其他书店
印　　刷	北京君升印刷有限公司
装　　订	廊坊市广阳区广增装订厂
版　　次	2023 年 8 月第 1 版
印　　次	2023 年 8 月第 1 次印刷
开　　本	710×1000　1/16
印　　张	8.75
字　　数	123 千字
定　　价	49.00 元

凡购买中国社会科学出版社图书，如有质量问题请与本社营销中心联系调换
电话：010-84083683
版权所有　侵权必究

前　言

　　迁移农业（Shifting Cultivation）作为一种传统的耕作模式，其对周围环境的影响不容忽视。据不完全统计，全球60多个国家的300万—500万人依然采用这种传统的耕作模式，且全球每年约45%的森林退化是由迁移农业或者长期的休耕农业导致的，由此引起的全球气候变化、生态结构和功能改变、景观生态格局失衡、碳源碳汇异常等科学问题已受到国际组织和世界各国的普遍关注。自20世纪90年代以来，《联合国气候变化框架公约》、《联合国气候变化框架公约京都议定书》（以下简称《京都协定书》）等条约相继提出，正式开启了迁移农业、森林退化与全球变暖之间的关系研究篇章，尤其是在2005年"减少发展中国家毁林和森林退化造成的碳排放加上森林可持续管理以及保护和加强森林碳储量"行动框架（REDD+）中，明确强调了监测和评估迁移农业的时空变化以及迁移农业导致森林退化过程中产生的生态环境问题是十分必要的。

　　既有研究表明，目前全球迁移农业的发生区域主要集中在拉丁美洲、中非以及东南亚的山地丘陵地区，尤其是在东南亚山区，日益加剧的迁移农业行为，使该地区出现了严重的森林退化，部分地区每年的森林砍伐率已由2%上升至5%，与之伴随的是大量的土地转型和作物演替，原本生物多样性丰富、系统功能完善的自然生态系统逐步向作物单一、抗风险能力弱的人工作物系统转变，更为严重的是如果区域土地质量贫瘠、土地资源匮乏，人类就不得不加速迁移农业的发生，如此恶性循环，最后导致整个生态平衡的破坏，当地居民就只好迁往他处，周而复始。可见，迁移农业地区的生态环境问题，究其主要原因是迁移农业过程对区域土地表面及其周边要素的连带性破坏，其根本原因是系统内承载基质不堪重负。然而，基于迁移农业的土地利用开发与利用关乎当地居民的生存大计，并不能完全杜绝迁移农业的发生，由其造成的潜在生态风险是无法规避的，只能减缓和有效调控。

因此，开展迁移农业动态变化监测的理论与方法创新性研究，模拟迁移农业对空间要素的响应过程，评估迁移农业发生的驱动因素，并探索保存、管理和增加森林碳的机遇，是缓解乃至解决迁移农业相关生态环境问题的有力途径。这能够有力促进联合国发布的《2030年可持续发展议程》第13项和第15项可持续发展目标的实现，符合当前世界科学研究导向和宏观战略安排。本书正是基于此宏观背景而生，通过识别区域迁移农业在时间和空间上的变化特征，进而通过开展迁移农业区域土地利用类型演替及景观格局重组的变化研究，从时间和空间上探求基于迁移农业的土地利用变化特征，结合不同国别的行政限制性条件，分析这种扰动机理在不同国家的表现形式差异。本书跳出了传统的时间断点的研究方式，通过逐年对区域迁移农业和土地利用变化进行研究，为区域迁移农业研究提供了一个更为详尽的结果，对于了解东南亚迁移农业和土地利用变化，针对性推动区域迁移农业工作合理安排和土地资源管理政策顺利实施，为区域经济、生态、社会可持续发展管理需求提供数据和案例支持。

本书以笔者参与的国家自然科学基金项目、中央高校基本科研业务费专项资金项目、博士学位论文等项目课题的部分成果为基础，通过对研究区进行长期外业调研、数据收集、结果分析、论证评价以及讨论决策凝练而成。本书由八章构成，第一章是绪论，主要是对研究背景、目的、意义及国内相关研究进展等内容的阐述；第二章是资料来源与基本理论，主要是对研究区基本情况和数据信息进行简单介绍；第三章是基于迁移农业的区域土地利用变化研究理论框架体系，主要是对土地利用研究要素、迁移农业研究要素及迁移农业对土地利用扰动影响的研究框架进行说明；第四章至第六章是对迁移农业及区域土地利用变化的实证分析，基于迁移农业识别及其变化特征，从区域土地利用类型演替、区域景观格局重组等层面对以迁移农业为导向的区域土地利用变化进行研究；第七章、第八章是基于研究结果提出相应的区域土地利用管理对策及研究结论与展望。

  本书的出版得到国家自然科学基金、四川大学引进人才科研启动经费专项基金的资助，在此表示衷心感谢！此外，书中所引用文献为本书的撰写提供了宝贵的思路和理论借鉴，在此对文献作者一并表示感谢！

  由于国内外专门针对迁移农业区域土地利用变化的实例研究鲜有报道，可借鉴的经验不足，加之笔者水平有限，本书难免存在疏漏和不足，敬请广大读者评议指正。

饶永恒
2022 年 11 月于成都

目 录

第一章 绪论 ································· 1
 第一节 问题的提出 ························ 1
 第二节 研究目的与意义 ···················· 4
 第三节 国内外研究进展 ···················· 5
 第四节 研究目标与内容 ··················· 12
 第五节 研究方法与技术路线 ··············· 14

第二章 资料来源与基本理论 ··················· 17
 第一节 研究区概况 ······················· 17
 第二节 基础数据与资料 ··················· 20
 第三节 相关基础理论与应用 ··············· 21

第三章 基于迁移农业的区域土地利用变化研究理论框架体系 ································· 25
 第一节 土地利用研究要素 ················· 25
 第二节 迁移农业研究要素 ················· 28
 第三节 迁移农业对土地利用扰动影响的研究框架 ··· 29

第四章 基于 LandTrendr 的迁移农业时空变化研究 ··· 31
 第一节 研究的具体思路 ··················· 32
 第二节 LandTrendr 算法 ·················· 33
 第三节 迁移农业的空间识别研究 ··········· 37

第四节　迁移农业的时空演替过程 …………………………… 43
　　第五节　不同国家迁移农业的差异性特征 …………………… 46
　　第六节　小结 …………………………………………………… 49

第五章　基于迁移农业的区域土地利用类型演替研究 ………………… 53
　　第一节　基于 Google Earth Engine 平台的遥感影像数据的
　　　　　　处理与解译 …………………………………………… 53
　　第二节　基于迁移农业的区域土地利用类型演替分析 ……… 60
　　第三节　小结 …………………………………………………… 67

第六章　基于迁移农业的区域景观格局重组研究 ……………………… 70
　　第一节　研究的具体思路 ……………………………………… 71
　　第二节　景观格局的概念与特征 ……………………………… 72
　　第三节　基于迁移农业的景观格局重组分析 ………………… 78
　　第四节　基于迁移农业的景观格局重组影响因素
　　　　　　定性分析 ………………………………………………… 97
　　第五节　小结 …………………………………………………… 100

第七章　基于迁移农业的区域土地利用管理对策 ……………………… 104
　　第一节　基于迁移农业的土地利用扰动影响特征 …………… 104
　　第二节　基于迁移农业的土地利用问题 ……………………… 110
　　第三节　基于迁移农业的土地利用发展策略 ………………… 112

第八章　研究结论与展望 ………………………………………………… 115
　　第一节　研究结论与成果 ……………………………………… 115
　　第二节　研究创新点 …………………………………………… 119
　　第三节　需要进一步深入研究和解决的问题 ………………… 120

参考文献 …………………………………………………………………… 122

第一章

绪 论

第一节 问题的提出

众所周知,从生态系统中提取自然资源是人类社会福祉和发展的基础(Popp et al.,2017),但是相关的土地利用也为生态系统带来了负成本。这就决定了土地利用既涉及生态系统也包括社会经济系统,而由其提供的土地相关产品、生态服务价值等都在很大程度上受到人类活动及决策的干预和支配,主要表现为土地利用功能强弱的差异性。几十年前,人们初步认识到地表过程对气候的影响,对土地利用/覆被变化的担忧开始出现在全球环境变化的研究议程中。20世纪70年代中期,人们证实土地利用/覆盖变化改变了地表反照率,破坏地表——大气能量交换,对周边区域气候产生影响(Otterman,1974;Sagan et al.,1979)。随着研究的逐步深入,在20世纪80年代初期,作为碳源和碳汇的陆地生态系统的研究进一步揭示土地利用/覆盖变化通过碳循环对全球气候造成影响的过程(Woodwell et al.,1983)。研究表明,自1850年以来,大约35%的二氧化碳排放直接来自土地利用(Houghton and Nassikas,2017),如何减少这些碳源和碳汇的不确定性仍然是世界环境保护面临的严峻挑战。

如今，越来越多的研究证实土地利用/覆被变化会带来水循环变化（Kalnay and Cai, 2003; Kang et al., 2017）、生物多样性下降（Newbold et al., 2015）、栖息地斑块破碎（Taubert et al., 2018）、地表温度变化（Tran et al., 2017）以及土壤退化（Abdulkareem et al., 2019; Borrelli et al., 2017; Maranguit et al., 2017）等生态环境问题，由此可见土地利用变化对生态系统价值和服务影响范围之广、幅度之大。当然，并不是所有影响都是负面的，许多形式的土地利用/覆盖变化与粮食和蔬菜生产、资源利用效率以及财富和福祉的持续增长有关。要了解和预测土地利用变化过程所带来的种种影响，需要进行长期的历史重建，并对区域乃至全球范围土地利用/覆盖变化开展研究（Ramankutty and Foley, 1999）。要量化陆地生态系统对全球碳库和通量贡献，就需要准确绘制土地覆盖图并测量全世界土地覆盖转化（Mcguire et al., 2001）。要了解土地利用/覆盖变化对生物多样性的影响，就需要有较高分辨率的数据，明确落实景观破碎化的空间数据（Margules and Pressey, 2000）。要预测土地利用变化如何影响土地未来退化，以及由此带来的对人类生存条件的反馈，尤其是面对土地利用变化所体现的区域脆弱性因素，则需要对与土地相关的动态人与环境相互作用有很好的了解（Curtis et al., 2018）。基于以上内容，土地利用变化过程涉及自然科学、人类社会发展的各个方面，世界愈演愈烈的土地利用变化和生物地球化学演替过程正促使人们开展更加深入、更加细致的土地利用/覆被变化研究，剖析土地利用变化演替过程及机理，对于缓解人类对土地的需求与环境保护之间的矛盾具有推动作用（Bryan et al., 2018; Gao et al., 2015; Seneviratne et al., 2018）。

目前，迁移农业的发生区域主要集中在拉丁美洲、中非以及东南亚的山地和丘陵地区（Van Vliet et al., 2012），尤其是在东南亚的山区，迁移农业是当地重要的粮食生产方式，且被认为是热带地区森林退化的主要原因之一（Li et al., 2014）。可以说，在应对全球气候变化的大背景下，传统迁移农业造成的森林砍伐和森林退化对全球碳汇产生的巨大影响已经引起了国际社会的广泛关注（Van der Werf et al.，2009；Ziegler et al.，2012）。如今，48个存在传统迁移农业模式的国家已经成为此行动框架的伙伴国家。在2011年德班世界气候大会和2012年多哈世界气候大会之后，联合国为非洲、亚太地区、拉丁美洲和加勒比地区的热带国家因地制宜地实施REDD+计划提供了宝贵支持。

在过去的几十年中，东南亚地区由于其地理条件的独特性和土地利用变化的特征性逐步成为国内外土地利用变化研究的热点区域，区域日益加剧的迁移农业耕作，包括向永久性农田开发、向新地区迁移等，使该地区的森林砍伐现象越发严重，少部分地区每年的森林砍伐率已由2%上升至5%（Potapov et al.，2017）。大量土地也发生土地转型和土地改良，如从树木、灌木和草的原生物种向经济作物如茶、木薯、橡胶等其他作物的转变（Fox et al.，2012），这与当地贸易市场需求条件密切相关。而随着区域基本地理条件日益限制农业扩张和作物产值，预计未来土地用途改良将进一步刺激土地利用变化（D'Amour et al.，2017；Friis and Nielsen，2016；Vijay et al.，2016）。这就意味着当地土地景观极易发生快速变化，并对周边环境造成影响。对这一系列过程的详细研究，不仅直接关系到人与环境的相互作用，还赋予研究识别和理解变化及其动因的机会。

本书以中国、越南、老挝、泰国、缅甸交界区为例，识别区域迁移农业在时间和空间上的变化特征，进而通过开展迁移农业对周边土地利用、全域土地利用类型演替过程及景观格局重组的影响作用分析研究，从时间和空间上探求迁移农业对土地利用变化的扰动机理，结合不同国别的行政限制性条件，分析这种扰动机理在不同国家的表现形式差异。本书跳出了传统的时间断点的研究方式，通过逐年期地对区域迁移农业和土地利用变化进行研究，为区域迁移农业研究提供了一个更为详尽的结果。本书的研究和分析，对于了解东南亚迁移农业和土地利用变化，以及区域乃至全球土地利用和生态保护具有重要的现实意义。

第二节 研究目的与意义

一 研究目的

迁移农业作为热带地区传统且普遍的一种土地利用形式，与土地利用变化关系密切，在很大程度上干扰着区域土地利用变化发展趋势。而土地利用及其变化被认为是全球变化的主要决定因素之一，能够对生态系统、气候变化和人类脆弱性产生重大影响，关系着人类福祉提高和区域可持续发展。因此，本书拟在迁移农业识别的基础上，通过分析迁移农业区域土地利用类型演替过程及景观格局重组的变化特征，从时间和空间上探求基于迁移农业的区域土地利用变化，为了解区域土地利用变化提供了实证依据与理论基础。

二 研究意义

本书以土地科学为基础，结合空间分析、遥感技术等技术手段，立足全球土地利用变化，构建迁移农业与土地利用变化研究理论框架，探索迁移农业对土地利用变化的影响作用，并以条件要素多样、土地变化频繁的中国、越南、老挝、泰国、缅甸交界区为例，分析迁移农业发生过程，量化迁移农业对迁移农业扰动区的作用关系，在此基础上实现迁移农业对区域土地利用类型演替规律和景观格局重组的影响研究，揭示由迁移农业带来的土地利用变化，通过归纳阐释迁移农业在中国、越南、老挝、泰国、缅甸五个国家地区的扰动特征，为跨区域土地利用管理提供差异性对策建议，对全球迁移农业研究和发展具有一定的理论和现实意义。

（一）丰富和拓展了迁移农业的研究内容

迁移农业作为土地变化科学的重要内容，其带来的土地和生态系统的变化及其对全球环境变化和可持续性的影响是目前人类环境科学面临的主要问题之一。为了充分理解迁移农业在土地系统内的相互作用，相关研究融入了跨学科的方法，包括遥感技术、景观生态学、社会经济学、综合评估等。本书以迁移农业为切入点，分析了区域内迁移农业区、迁移农业扰动区、全域土地利用类型演替规律及景观格局重组特征，定性和定量地揭示了区域土地利用变化本质，可为迁移农业研究提供新的研究视角和思路，有助于进一步丰富和拓展迁移农业的研究内容。

（二）为土地资源管理决策制定提供参考依据

在新时代背景下，全球土地管理的主要任务是有效保护土地资源，提高土地资源节约集约利用水平，加强土地生态保护，主要目标是不断提高土地利用生态效益、经济效益、社会效益，使有限土地能够持续满足人类日益增长的需求，确保土地资源可持续利用。本书在识别了迁移农业的基础上，分类讨论了迁移农业在不同国家和地区对土地利用变化的影响规律，研究结果有助于了解不同国家土地利用变化对迁移农业的响应程度，有利于把握区域社会环境、地理条件等对土地空间格局产生的积极影响与消极影响，为土地资源管理政策的制定提供参考依据。

第三节 国内外研究进展

一 迁移农业的研究进展

迁移农业，作为土地利用变化的一种表现形式，也称刀耕火种农业，是热带地区传统而普遍的农耕方式，其主要包括森林清除、农作物种植和土地休耕三个阶段，是一个复杂的农林复合系统（Kleinman et al.，1995）。根据现有文献资料，迁移农业的研究起始于19世纪30年代（Flemmich，1940）。19世纪50年代，迁移农业开始被社会科学和自然科学领域关注（Conklin and Harold.，1954；Dumond，1961）。19世纪七八十年代，迁移农业逐渐成为学术界议论的焦点话题，全球迁移农业的研究渗透到生态学（Harris，1971）、野外实验、栽植技术、耕作体系、与经济—社会—文化—

政治的复合关系、人类可持续发展（Russell，1988）等多个领域。自19世纪90年代以来，迁移农业弊大于利的观点得到学术界的广泛认同（Brady，1996），并且学者提出了多种替代迁移农业的耕作模式（Bouahom，1994）。但目前来看，替代迁移农业的耕作模式并未得到广泛推广，多数地区的农业经营依然采取最传统的轮耕模式。在应对全球气候变化的大背景下，传统迁移农业带来的生态环境问题已经逐步得到国内外专家学者的广泛关注（Inoue et al.，2010）。

国际关于迁移农业方面的具体研究开展于19世纪初期，目前迁移农业的研究主焦点在迁移农业的名词定义、迁移农业利弊的探讨、遥感技术在迁移农业研究中的应用等方面。

针对迁移农业的名词定义，国际上并不统一，主要有 swidden agriculture、slash-and-burn farming 和 shifting cultivation 三种主流的名词提法（Mertz et al.，2009），并且这三种名词提法在国际上存在争议（Rambo，2010）。综合已有研究来看，三种提法既有区别又有联系。swidden agriculture 和 slash-and-burn farming 的内涵相似，突出的是一种传统的耕作文化（Therik，1999），swidden agriculture 包含砍烧阶段（slash-and-burn）和耕作阶段（farming）。shifting cultivation 在农业活动中的应用更加广泛，偏向于对土地利用系统变化的科学表征，它往往泛指从农业种植到休耕的整个过程（Van Noordwijk et al.，2008）。此外，是否存在关于火烧的表述是区别 swidden agriculture 和 shifting cultivation 内涵的重要判定标准。swidden agriculture 关注的重点是刀耕火种的农业模式，而 shifting cultivation 过程中植被覆盖变化的方式不一定是火烧（Mertz et al.，2009）。因此，shifting cultivation 的内涵范围比 swidden agriculture 和 slash-and-burn farming 大，二者更像是包含与被包含的关系（Van Vliet et al.，2013）。

而针对迁移农业利弊的研究主要聚焦在对生态环境、经济发展等相悖因素的综合考虑。主张摒弃迁移农业的学者认为，迁移农业危害很多且不可持续（Rossi et al.，2010）。在迁移农业过程中，森林的砍伐和焚烧会造成森林退化（Tinker et al.，1996）、大量营养物质的流失（Roder et al.，1997）、土壤生物群落丧失（Alegre and Cassel，1996）、大气污染和重金属污染等问题（Béliveau et al.，2009）。而且随着人口的快速扩张，迁移农业的休耕期越来越短，次生林没有良好的生长环境，森林固碳能力大幅度下降（Chidumayo，1987）。此外，新时代背景下的经济、生态、文化、政治等因素都是导致迁移农业消亡的重要因素（Myllyntaus et al.，2002）。经济的发展促使城市快速扩张、就业机会增加、从事传统迁移农业生产的农民越来越少。交通路网的快速建设加强了山区少数民族进入市场的能力（Chi et al.，2013），进而改变了农民对传统农耕模式的态度，以市场为导向的农耕模式逐渐向山区少数民族普及，集约化农业得到发展，例如东南亚地区发展的橡胶和油棕规模化种植园（Jakobsen et al.，2007）。而主张保留迁移农业的人认为，迁移农业作为最原始的耕作模式，在人类漫长的发展历程中依然存在，必然有其存在的价值（Dressler and Pulhin，2010）。部分学者指出，虽然全球迁移农业的面积正在减少，但全球很多热带地区国家依然普遍存在迁移农业，且这种农业模式依然呈现蓬勃的发展态势（Fox and Vogler，2005）。例如，菲律宾的巴拉望岛近年来在政策法律上都提出要遏制迁移农业的扩张，但当地农民依然认为迁移农业是一套完备的耕作体系，能够更加便捷地开展生产活动。迁移农业存留下来的主要原因是贫困问题（William et al.，2005）。东南亚山区的农民普遍处于闭塞、封闭的环境，多数农民仍然依靠传统的迁移农业来维持生计。有学者指出，迁移农业可以确保偏远山区农民的粮食安全，同时也可以有效抵御来自市场经济的波动（Sulistyawati et al.，2005）。此外，部分学者认为，在东南亚山区开展传统的迁移农业比许多"现代农业"模式在经济、生态环境上更具可持续性（Vien et al.，2009）。

从迁移农业的研究手段来看，早期（19世纪50—60年代）迁移农业的研究多为定性研究或者实地研究（Inoue，2000）。19世纪

70年代，遥感技术的发展为迁移农业空间动态监测提供了技术手段（Geist and Lambin，2001）。迁移农业系统的多样性、复杂性和动态性导致利用遥感影像对其进行空间监测具有很大的挑战（Hurni et al.，2013）。遥感技术在森林火灾监测中的应用极大推动了迁移农业的监测研究，通过监测发生火灾的区域以及区域内长时间序列土地覆被的变化（Fujiki et al.，2016），能较为准确地识别出迁移农业的空间范围以及迁移农业的生产活动周期（Vadrevu and Justice，2011）。随着卫星遥感技术的进步，多种遥感数据可以对迁移农业进行时空动态监测，包括Landsat、中分辨率成像光谱仪（MODIS）以及合成孔径雷达（SAR）数据。其中，MODIS数据注重8—16天的时间序列分析，常用于森林火灾的监测，但由于其分辨率较低，难以监测迁移农业的整个活动周期（Xiao et al.，2011）。Landsat数据是迁移农业动态监测中最常用的遥感影像（Li and Feng，2016；Shimizu et al.，2018），它具备开源性、时间连续性、中等分辨率（光学波段30米）等优势，可以较好地识别出开展迁移农业的地块，适用于中微观尺度的研究（Fuller，2006）。SAR数据的优势是受云量的干扰较少，但数据往往无法开源获取（Bourgeau-Chavez et al.，2002）。就具体的监测方法而言，光谱特征监测法（Silva et al.，2004）、物候特征监测法（Epting et al.，2005；Rogan and Yool，2001）、统计模型监测法（Bigler et al.，2005）以及景观生态学监测法（Cornelia et al.，2012）是目前监测迁移农业时空动态变化的主要方法。

相较于国外迁移农业进程，我国针对迁移农业的研究十分薄弱。多数国内研究停留在基于生态学的实地调查和监测分析阶段（卢俊培和曾庆波，1981），以及迁移农业对社会经济和生态影响的定性分析阶段（廖国强，2001；许建初，2000；张联敏等，2001），鲜有学者从定量的角度研究迁移农业的空间范围及时空变化特征。实地调查分析主要进行迁移农业区的土壤养分状况研究（沙丽清等，1998；张萍，1996）、生物多样性研究（施济普等，2001）、生物群落结构变化研究（杨效东等，2001）、次生林恢复研究（丁易和臧润国，2011；唐建维等，1998）等。

综上所述，随着迁移农业暴露出来的负面影响越来越多，各界对迁移农业的认知和重视程度都在逐步加深。虽然目前迁移农业的定义提法存在差异，但不同提法之间存在紧密联系。迁移农业的利弊及其对社会、经济、生态的影响一直在学术界存在很大争议，如何因地制宜看待迁移农业是广大学者应该思考的问题。遥感技术的发展无疑是研究迁移农业的重要科学工具，虽然已有学者利用遥感技术开展对迁移农业的时空监测，但其精确性、系统性、应用性都还有待提升。如何利用遥感技术准确监测迁移农业系统不同阶段的土地利用变化情况，定量研究农业利用频率、休耕周期等利用强度问题以及次生林的培育和恢复问题，都将成为自然科学领域的研究重点。

二 土地利用/覆盖变化的研究进展

土地是地表某一地段包括地质、地貌、气候、水文、土壤、植被等多种自然要素在内的自然综合体。土地资源不仅是重要的生产要素，能提供人类生存不可或缺的食物和纤维；也是人类活动的关键性资源，不仅能提供诸如居住、经济保障等生活服务，还具备土壤、水文、气候、植被等生态环境特征。土地利用实质上是人类对地球表面的改造行为，以满足人类生存和发展需求为主要目标。而土地利用变化，是随着日月更替一直发生的过程，客观上它不以人类意识为转移，但在实际发生过程中，在很大程度上受到人类活动的影响而加强。从古至今，"人地矛盾"就是一直存在着的问题，无论采用何种土地利用方式，势必会促进土地利用变化的发生。因此，在实际研究中，人们所指的土地利用变化，一般是指由于受人类利用和管理土地的影响而产生的土地覆盖变化。

在对土地利用/土地覆盖变化的提出和发展上，国外进行得较早，因此发展比较成熟。早期的研究内容主要是对不同利用类型的土地分类整理以画出土地利用图册，调查活动主要在野外进行（罗湘华和倪晋仁，2000）。1992 年，联合国在《21 世纪议程》中明确提出将加强土地利用/覆盖变化研究作为 21 世纪工作的重点。1994 年，联合国环境署（UNEP）启动了 LCAM 土地覆盖的评价与模拟项目。1995 年，因为自然和人文交互影响，迫使"国际地权与生物圈计划"（IGBP）和"全球环境变化的人文领域计划"（IHDP）联合提出"土地利用/覆盖变化（LUCC）研究计划"，并确定了国内外科学家，特别是自然科学家关于土地利用变化的两个主要研究方向：一是对土地利用变化的特征揭示及原因阐释，二是构建土地利用变化模型，服务于全球和区域土地利用相关研究，通过模型证实和量化土地利用/土地覆盖与驱动力的相关关系，实现对全球或区域土地利用/土地覆盖未来趋势的预测。这个计划在很大程度上推动和促进了土地利用变化相关研究的进程，是土地利用研究至今余温不散的重要因素之一。在该计划的推动下，近年来，全球范围的土地利用与土地覆盖项目产品包括但不限于 IGBP DISCover、UMD LandCover、GlobCover 2009 和 GlobeLand 30 等，很好地扩充和完善了学科领域内容。此后，IGBP 和 IHDP 又发表了《土地利用/覆盖变化研究实施策略》。该报告再次强调三个研究重点包括土地利用变化机制案例比较研究、土地覆盖变化机制直接观测和诊断模型、区域和全球模型整合评价，并据此提出了一系列任务（Turner et al.，1995）。

目前，针对土地利用变化的研究，主要包括土地利用变化规律研究、土地利用变化驱动力研究、土地利用变化影响研究三个方面。针对土地利用变化规律的研究，集中于土地利用的调查与监测（陈玲等）、对土地利用的结果所造成的可持续性与集约性进行相应的评估（陈士银等）、土地利用的规划与设计（郑新奇等，2006）、土地利用的变化与机制（陈万旭等，2019）等方面。而土地利用变化驱动力研究本质是土地所有者或使用者对于不同土地利用类型之间边际效益的比较结果，人们土地产出的需求发生变化，导致土地利用发生变化。尤其是随着科技的进步，以往以自然作用为主的土地利用/覆盖变化正逐渐被人类活动所主导，如今，无论是从变化的速度、变化的广度还是从变化的数量级上看，人类对地球陆地表面的改造都达到了史无前例的水平。土地利用变化影响的研究涉及范围更加广泛和复杂，尤其是对全球生态环境的影响，在"绿水青山就是金山银山"的时代主题下更为突出。土地利用变化的环境效应主要体现在两个方面：一方面，土地利用变化通过影响气候（Xu et al.，2018）、生物地球化学循环（Verchot et al.，2000）、土壤质量（Abdulkareem et al.，2019；Borrelli et al.，2017；Maranguit et al.，2017）、区域水分循环（Kalnay and Cai，2003；Kang et al.，2017）等要素对自然环境产生深刻的影响；另一方面，土地利用变化可造成生态系统的生物多样性（Newbold et al.，2015）、物质循环与能量流动（Tran et al.，2017）以及景观结构的巨大变化（Newbold et al.，2015；Taubert et al.，2018），使生态系统的结构和功能均发生改变。由于土地利用变化引起的环境效应具有复杂性和累积性，是时空耦合的动态变化系统过程，涉及自然、社会的诸多方面，使研究困难较大，因此，对环境效应过程与机理的研究较少，多针对某一环境要素（如景观格局变化）或某些指标的影响展开。对于生态服务而言，土地利用变化产生的影响主要表现在：不同的土地利用类型产生的主要生态系统服务有所差异、土地利用格局变化对生态系统服务有着显著影响、土地利用强度不同，对生态服务产生的影响不同（傅伯杰和张立伟，2014）。

三　国内外研究进展评述

迁移农业作为土地利用变化研究的一部分，其发展历程是复杂而曲折的。随着科研技术手段的提升，针对迁移农业的研究逐步多元化。结合国内外研究进展，大致能够分为三个阶段。

第一，概念明晰阶段。由于迁移农业并非广泛分布于世界各地，其更多的是存在于热带地区，早期专家学者对其认定不同。经历该阶段的发展，迁移农业概念得到了初步推广。

第二，干扰揭示阶段。在既往研究的基础上，逐步意识到迁移农业的复杂性和综合性，通过理论推理、实践认知探求由迁移农业对生态、生产、生活的干扰效应。经过该阶段的发展，人们对迁移农业的认知有了提升，迁移农业研究的广度和深度得到质的飞跃。

第三，技术提升阶段。该阶段主要依托科学技术进步，无论是计算机技术、遥感技术还是无人机技术，都推动着迁移农业进行更大尺度、更广深度的基础研究。通过对迁移农业的变化过程的识别、监测、模拟，极大丰富和完善了迁移农业研究内容。该阶段是迁移农业发展的黄金阶段，也是目前正在经历的阶段。

纵观迁移农业研究历程，其发展周期并不长，内容相对较少。随着对迁移农业研究的迫切需求，各类科学问题仍待探究，当前迁移农业变化相关研究领域仍存在以下不足。

第一，迁移农业作为土地利用变化研究的一部分，目前迁移农业相关研究更多地聚焦于迁移农业本身，但土地利用本身是系统和完整的综合过程，针对迁移农业单项问题的研究，容易忽视迁移农业发散效应。

第二，迁移农业演变机制揭示不明确。多数迁移农业研究乐于对迁移农业实时监测，分析其面积变化趋势，以揭示迁移农业的发展趋势和走向，但对于迁移农业过程的具体演替机理揭示不足。

第三，迁移农业发生驱动力不明晰。迁移农业是一个复杂的问题，需要考虑的区域性因素较多，但是如果缺乏理论指导，对其深层次的驱动力因素揭示就会不足，在未来土地可持续利用中，很难对其做到合理调节。

第四节 研究目标与内容

一 研究目标

本书以中国、越南、老挝、泰国、缅甸交界区为例，在识别区域迁移农业时间和空间特征的基础上，分析迁移农业区域土地利用的扰动情况，识别迁移农业扰动区，进而结合区域土地利用类型演替规律和景观格局重组态势，分析迁移农业对土地利用的扰动作用。整个研究以围绕迁移农业展开，以研究区各国家土地利用状态为分析对象，总的目标设置为"识别迁移农业范围、剖析迁移农业扰动"，具体目标如下。

（1）探索一种可靠的迁移农业识别方法，用于实现对区域迁移农业行为的观测和监控，以此分析迁移农业的空间特征、发展趋势，为区域迁移农业行为的调整和管理提供可行的技术手段。

（2）探讨迁移农业与区域土地利用的交互关系。通过区域迁移农业行为的扰动研究，揭示迁移农业对土地利用的影响作用，为区域提供生态、生活、生产协同发展的土地利用方向。

二　研究内容

立足全球土地利用变化，构建土地利用变化研究理论框架，探索土地利用变化，是本书的核心主题。研究条件要素多样、土地变化频繁的东南亚地区土地利用演变过程，对了解区域土地利用变化特征具有现实意义。以研究区多国别背景为分析媒介，进行各国土地利用变化的差异性分析，为跨区域土地利用管理差异性对策建议服务，从而促进土地科学发展。基于此，本书的主要研究内容有以下几个方面。

（1）识别迁移农业范围，揭示迁移农业空间特征规律。基于Google Earth Engine 平台，拟合迁移农业区植被覆盖度变化特征规律，实现迁移农业区识别，在此基础上探讨不同国家的迁移农业区变化特征和过程，以此作为各国家地区未来土地利用指导的理论数据和支撑，服务于区域土地利用变化研究。

（2）分析基于迁移农业的区域土地利用类型演替规律。以土地利用类型为载体，从土地利用类型识别、土地利用结构演替、土地利用累计变化率、土地利用变化强度和周期等方面分析、研究迁移农业地区土地利用类型演替。

（3）探析基于迁移农业的区域景观格局重组。通过对全域景观尺度和土地利用类型尺度的景观破碎度指标、景观形状指标及景观多样性指标三个层级的景观格局量化计算，以不同国家为分析目标，探索迁移农业区对景观格局的变化影响。

（4）讨论基于迁移农业的区域土地利用管理对策。以土地生态文明建设为导向，以土地可持续利用为目标，以区域协同发展为契机，以土地集约节约利用为基础，来探讨中南半岛北部地区土地质量、生态质量、景观质量的改良路径。

本书通过这一系列的分析和研究，能够多方位、多角度地对迁移农业进行剖析，全面了解区域迁移农业概况，进而为区域土地利用提供多数据、可视化的土地利用理论基础。同时，研究的思路和方式可为其他地区或区域的不同土地利用干扰因素研究提供一定的借鉴经验，也能为基于土地利用开展的区域经济发展研究、生态环境保护研究等研究工作提供更可靠、更详细的土地数据基础。

第五节 研究方法与技术路线

一 研究方法

迁移农业被认为是热带地区森林退化的主要原因之一，已逐步成为土地利用学科领域内的热门主题，尤其是大尺度的迁移农业研究，对于全球土地利用变化和生态保护具有重要意义。本书以土地学科为基础，结合生态学、景观学、社会经济学等学科相关内容，以 Google Earth Engine（GEE）平台为工具，建立相关分析模型，对中国、越南、老挝、泰国、缅甸交界区迁移农业进行了深入剖析和研究。在研究开展的过程中，本书主要采用以下方法。

（一）文献归纳演绎法

通过阅读关于迁移农业、土地利用变化、东南亚土地利用变化、东南亚土地保护与利用、土地利用变化与生态环境因素相关作用等文献，演绎概括迁移农业的发展现状和基本研究方法，归纳出迁移农业对土地利用变化扰动影响研究的基本思路及其相关理论。

(二) 遥感解译法

遥感解译，是获取本书基础数据的主要路径。本书研究所采用的遥感解译法主要是基于 GEE 平台进行的大尺度、大数据量的遥感影像解译。

(三) 空间分析法

空间分析主要是针对土地利用变化的空间特征、空间规律、空间相互作用关系展开，是对研究基础数据的深入研究，主要是基于 GEE 和地理信息系统（GIS）开展。GIS 的空间处理能力已经毋庸置疑，对于展示研究区不同时期的土地利用变化、空间特征，具有非常直观的对比性和全面性。而 GEE 平台则是近几年出现的热门土地利用研究工具，尤其是对于大尺度土地利用变化研究，其高速简洁的运算模式具有很大优势，对空间分析而言，GEE 与 GIS 一样，同样能够实现研究结果的空间可视化。

(四) 数学模型法

数学模型是针对研究既有条件，从理论上对实际地理环境、空间人文因素等进行剥离，将其抽象化、理论化为一个数字模型。本书所用到的数学模型主要是针对迁移农业及其变化的量化分析、空间分析，以及各国研究结果的差异性分析。数学模型，使研究结果更为直接，各要素之间关系更为清晰。

(五) 定性与定量分析法

定性与定量分析是文章开展研究的基础方法，定性分析主要是针对无法量化的数据，从理论上推动相关要素分析，定量分析主要运用于量化分析，包括变化强度、变化频率等。因为迁移农业和土地利用变化的复杂性和系统性，所以，定性与定量相结合的分析方法是必不可少的，这有助于深入剖析区域迁移农业。

(六) 对比分析法

对比分析法是针对研究区存在多个国家的情况下运用的一种基础方法。通过对各个国家的迁移农业、土地利用变化强度、频率、集聚效应差异等多个方面进行对比分析，找寻其异同点，归纳演绎各个国家迁移农业和土地利用变化的重要特征，从而进一步完善相关研究的理论基础。

（七）景观指数法

景观指数法主要用于研究区内迁移农业对景观格局重组的扰动作用，以不同景观指数所展示的不同生态特征，找寻其动荡变化区间，以此作为迁移农业扰动作用分析的必要要素。

二 技术路线

本书研究技术路线如图1-1所示。

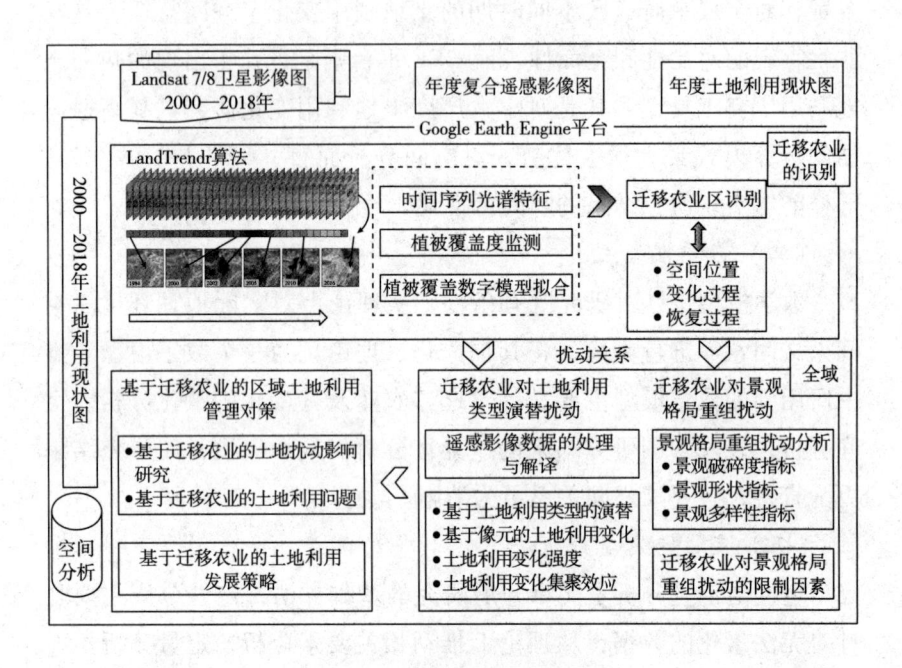

图1-1 本书研究技术路线

第二章

资料来源与基本理论

第一节 研究区概况

一 地理位置

研究区地处中南半岛北部,地理位置为东经 96°45′—106°22′,北纬 17°16′—25°20′,包含缅甸东部、泰国北部、老挝北部、越南西北部和中国西南部等多个国家和地区。研究区总面积约 42.82×10^4 平方千米,由于其特殊的地理位置,地区气候多变、高温多雨,生物种类繁多,森林覆盖面积巨大。研究区盛产天然橡胶、锡、稻米、油棕、香料、木材等,据不完全统计,东南亚地区橡胶(不局限于研究区)产量占全球总产量的 90%。由于迁移农业作为研究区域农业生产的一种主要形式,由此引起的明显土地覆被特征、较快土地覆被变化已促使其成为土地学科的热门研究区域。

二 自然条件

研究区域所处地带属典型的热带季风气候。全年高温,年平均气温可达 22℃ 以上。一年分旱、雨两季,大部分地区年降水量为 1500—2000 毫米;6—10 月盛行来自印度洋的西南风,降水充沛为雨季;11 月到次年 5 月盛行来自大陆的东北风,天气干燥少雨为旱季。受地形影响,地区年均降水量差异明显,在迎风坡可达 5000 毫米，而背风坡却不足2000毫米，个别迎风坡可形成热带雨林景观，少数内部平原和河谷则形成热带草原。

研究区在构造地形上主要为比较活跃的新褶皱山地。地势大致为北高南低，多山地和高原，北部的掸邦高原海拔在1500—2000米。其地形和中国西南地区是连续的，主要的地形单元是"横断山脉"，这些山脉走向基本一致，相间排列，呈掌状向南展开。加上当地气候湿润，在山川之间多有河流，主要河流有伊洛瓦底江、怒江、澜沧江等。森林覆盖面积大，大部分被原始森林覆盖。老挝水利资源丰富，产柚木、花梨等名贵木材，森林覆盖率高，生物物种多样。缅甸2010年森林覆盖率约为41%，盛产檀木、灌木、鸡翅木、铁力木、酸枝木。泰国北部山林资源丰富，森林覆盖面积占全国最大，占其全域的50%，也是泰国各大河流的源头。

然而，研究区域内的国家和地区在城市化进程中，由于生产生活所需带来的用地扩张致使森林遭到砍伐，使该区域已成为世界上森林砍伐率最高的地区之一。联合国粮食及农业组织（FAO）统计数据显示，缅甸、云南和老挝位于森林损失严重的前30个国家和地区之列。森林对于地区自调节气候有十分重要的作用，林地的破坏使生境系统破碎化，森林火灾等自然灾害的风险亦随之增高。

三 农业概况

研究区域内的5个国家和地区水热充分、土地肥沃，利于农业生产生活，具有丰富的农业资源。水稻是5个地区的主要粮食作物，但主要分布在平原和三角洲地区，其中越南、泰国和缅甸是世界上主要的大米生产国和出口国。

中国云南传统骨干产业为烟草产业、糖产业和茶产业，其中烟草产业为最大的支柱产业，传统重要产业为橡胶种植业，新兴产业为花卉产业。其主要经济作物有烤烟、蔗糖、茶叶、橡胶、花卉，除此之外还有桑蚕茧、油菜籽、核桃和水果等。老挝农产品主要包括水稻、玉米、红薯、豆类、橡胶、咖啡、棉花、花生、烟叶和热带水果等，受气候特征影响，水稻耕作为一年三季，分别为早稻、中稻和晚稻。缅甸可划分为三大农业生态区：中部干旱区适宜发展畜牧业和蔬菜种植；伊洛瓦底江三角洲地区适宜水稻种植和渔业；少数民族聚居的山区和半山区适宜灌溉水稻和发展刀耕火种农业，其中刀耕火种土地占缅甸总耕地面积的30%—40%。缅甸农业面临的一系列问题，主要表现为农业设施投入不足、农艺技术落后、政策扶持不足等，直接或间接导致农业生产率低下。缅甸主要农产品有水稻、豆类、芝麻、花生、橡胶、小麦、棉花、甘蔗、辣椒、西红柿等。农业是泰国传统经济产业，全国可耕地面积约占国土面积的41%，研究区主要覆盖泰国北部区域，受地形影响，农业用地面积相对而言偏少。泰国是世界上稻谷和天然橡胶的最大出口国，主要作物有稻米、玉米、木薯、橡胶、甘蔗、绿豆、麻、烟草、咖啡豆、棉花、棕油、椰子等。越南经济作物主要有咖啡、橡胶、腰果、茶叶、花生、蚕丝等。

四 矿产资源

在能源领域，越南、泰国和中国云南有煤、石油和天然气，缅甸有一些中、小型油气田，而老挝尚未发现重要的煤和油气资源。在矿业经济领域，泰国、越南和中国云南具有一定量的采矿业和冶炼业，如煤、油气、铅、锌、铁矿、银、铜矿、铬、铝土矿、宝石等。缅甸主要是开采一些铜、金和宝石，而老挝的矿业经济薄弱。

云南地质现象种类繁多，成矿条件优越，拥有丰富的矿产资源，尤其以有色金属及磷矿著称，具有"有色金属王国"的美誉。其矿产资源种类全且分布广，已发现的矿产有143种，已探明储量的有86种，金属矿遍及108个县（市），煤矿在116个县（市）都有发现，其他非金属矿产各县都有。能源资源得天独厚，水能和煤炭资源储量较大，地热能、太阳能、风能和生物能也有较好的开发前景。老挝有锡、铅、钾盐、铜、铁、金、石膏、煤、稀土等矿藏，迄今得到开采的有金、铜、煤、钾盐、煤等。缅甸矿藏资源丰富，有石油、天然气、钨、锡、铅、银、镍、锑、金、铁、铬、玉石等。石油是缅甸重要的经济资源之一，其有色金属分布很广。泰国矿产资源分为三类，即燃料矿、金属矿和非金属矿。锡是泰国最重要的矿产，储量 150 万吨，居世界之首。越南矿产资源丰富，种类多样。如煤炭的储量丰富且品质多、质量好，越南是世界重要的煤炭生产国，越南的煤矿主要集中在北方地区。越南铁矿已探明储量 13 亿吨，资源量约 23 亿吨，现已发现三个铁矿区，分别位于西北地区、北部地区和中部地区。

第二节　基础数据与资料

本书在东南亚土地利用变化、类型演替过程及其影响研究中用到的基础数据主要包括以下四个部分。

一　遥感数据

研究所用覆盖整个研究区范围的 2000—2018 年 Landsat5、Landsat7 及 Landsat8 遥感影像均直接应用于 Google Earth Engine 平台（https：//code. earthengine. google. com/），所有遥感数据相关解译和数据分析也都是基于平台进行的。

二　统计数据

这部分数据是指来源于区域 2000—2018 年社会经济发展公报、统计年鉴、文献数据、互联网等关于研究区土地利用相关的数据，是为土地利用变化研究辅助分析而收集的，是保障论文研究开展的材料。

三　矢量数据

这部分数据主要包括中国、越南、缅甸、泰国、老挝等国家的区位图（http：//www. diva-gis. org/Data），这部分数据是论文差异性分析的基础框架。

四　其他数据

这部分数据主要包括研究区气候环境、地质灾害条件等方面的资料，主要来源于互联网检索。在研究过程中，虽然并没有直接运用到数据计算过程中，但是其能够从侧面支撑论文的研究结果，推动研究进程，对论文研究完成具有重要意义，是不可缺少的一部分数据。

第三节 相关基础理论与应用

一 可持续发展理论

可持续发展作为"既满足当代人的需要，又不对后代人满足其需要的能力构成危害的发展"的理念为人们广为熟知（张晓玲，2018），而后逐渐衍生出"环境要素可持续发展""社会要素可持续发展""经济要素可持续发展"三大主体内容。环境要素可持续发展强调人类生产活动要尽量减少对环境的损害，要尽量维系环境的固有状态。这一理论的正确性是毋庸置疑的，但在实际操作中，有时很难对其减少环境的损害进行衡量，不同主体成员对同一种行为往往具有不同的看法，不同视野角度也具备不同价值评判体系。以我国"三峡水电站"为例，支持以上理论的人士认为它不仅能满足我国经济发展用电需求，也能减缓火力发电带来的温室气体排放，隶属清洁能源；而反对以上理论的人士则认为，其在很大程度上破坏了当地地理条件，危害区域生态安全。社会要素可持续发展是指不能局限于环境保护，人类生产活动应当满足自身发展的基本需要，追求可持续发展并非让人类回到原始社会，而是要顺应科技发展带来的基本环境问题。经济要素可持续发展则是从利益获取的角度入手，强调经济上的有利可图性。其包括两个方面的含义：一是认为只有经济利益得到保证，才有可能得到可持续发展；二是如果经济利益无法从当前行为得到体现，则必然要从行为上获取相应收益才能持续发展。由此就可能造成此地的环保以彼地更严重的环境损害为代价。

可以看到，可持续发展理论必须保障三要素的协调发展，才能促进社会的总体进步，避免一方面的受益以牺牲另一方面的发展和社会总体受益为代价。其本质目的是在保护环境和资源永续利用的前提下，追求经济质量和数量的提升上，改善人类生活质量，提高人类健康水平，是自然—经济—社会持续、稳定、健康发展的综合系统。而实际上，却很难实现人类需求与地球供应能力真正意义上的相匹配，这就是所谓"环境悖论"。因此，要么通过削减需求，降低人类生活质量，使需求与供应相匹配；要么通过科学技术，提高地球供应能力，使供应与需求相匹配。基于此，现实生活中的可持续发展可分为"强可持续发展"和"弱可持续发展"。前者强调"自然"利益为上，人类应该减少对自然资源的诉求，要限制自然资源的使用；后者则认为人类对环境的过度索取，可以在一定程度上通过科技进步得到弥补，"适当"的过量，并不会改变后代从地球环境中攫取生产资料的总量。当然，尽管存在形式和理念上的多种多样，但可持续发展从"以经济、社会目标为中心"逐步向"以生态环境保护为中心"的趋势不会改变。

土地作为地球万物的核心载体，其可持续发展更是关乎地球永续发展的重中之重。如何以可持续发展的土地利用方式，推动人类经济社会的发展，将是土地学科的重要问题。迁移农业作为一种对生态环境负担很大的土地利用方式，解决由其引起的森林退化、大量营养物质的流失、土壤生物群落丧失、大气污染和重金属污染等问题已迫在眉睫；同时，迁移农业是部分地区的生计保障，是关系基本生活条件的安全问题。因此，亟须在可持续发展理论下，探讨迁移农业地区土地利用的可持续发展路径，这是关乎区域乃至全球生态安全和当地居民生活、生产、生存的重大问题。

二 区域一体化理论

区域一体化，顾名思义，是指区域内不同组成部分通过信息交流、能量传递逐步融合交汇成一个整体的过程，其概念最早产生于20世纪50年代。早期"一体化"理念主要是第二次世界大战之后，各个国家为了促进经济的快速恢复，增强合作而提出的，其内容主

第二章
资料来源与基本理论

要包括政治一体化和经济一体化（庞效民，1997）。政治一体化是指构建同盟国之间的"一体化"关系，相关理论几乎都构筑在"冷战"时期的两极格局上，时至今日其现实意义已基本消失。而经济一体化则不然，随着科技的进步，各个国家相互交流日益频繁，经济一体化发展已成为世界经济发展的主流思想。具体而言，区域经济一体化是指通过加强战略同盟国家彼此的经贸合作，区域内各个国家在某种程度上让渡经济主权，包括建立自由贸易区、关税同盟、共同市场、经济联盟、货币联盟等形式，进而削减乃至清除贸易壁垒，加速生产要素的自然流动，形成区域经济一体化，它更多的是强调在同一地理范围内不同经济特色构成单元之间的相互合作。目前，区域经济一体化的重要经济体就是欧洲联盟。

中国经济经过数十年的腾飞发展，区域一体化程度越来越高。于国际环境而言，国家对国际性区域经济合作高度重视，积极发展国际合作，进一步扩大改革开放步伐，逐步开放金融市场，引入国际资本。于国内区域协同而言，国家着眼于不同地区经济发展的差异性，通过加快长江三角洲、珠江三角洲、成渝等城市群建设重大举措，促进国内区域合作和优劣互补，推动经济发展的一体化进程。

时至今日，中国乃至全球的区域经济一体化程度已经达到相当水平，各个国家、地区的信息交流也逐步脱离经济发展，开始向其他领域迈进。就生态环境而言，受区域一体化发展的影响，各类资本在不同区域恶性竞争，以不惜代价的方式加速地球生态资源的使用和损耗，诸如森林砍伐、过度捕捞等问题日益严重。此外，区域经济一体化还会促使地区小规模家庭农业转向以资本市场需求为导向的单一作物种植方式，在一定程度上威胁着生物多样性。但区域一体化也会带来区域内不同国家和地区的环境保护合作，区域环境管理制度机制的呼声越来越高。要借助区域经济一体化"东风"，推动环境保护意识和观念的提高，实现由经济一体化向生态保护一体化的过渡。具体而言，生态保护一体化主要包括两个方面：一方面要推动环境保护意识的全面发散,将可持续发展理念和资源环境危机意识普及至区域各个地区;另一方面促进区域环境信息的处理和相互交流,引导环境资源信息共享,建立生态保护一体化制度。

迁移农业作为土地利用的一种原始而古老的形式,全球每年约45%的森林退化是由迁移农业或者长期的休耕农业导致的(FAO,1985),尤其是在东南亚的山区,迁移农业是当地重要的粮食生产体系,且被认为是区域森林退化的主要原因之一。因此,生态环境保护必须牢牢把握"区域一体化"理念,通过加强区域国家地区在生态环境保护层面的相互合作,从而改善区域生态条件,缓解生态环境问题。

第三章 基于迁移农业的区域土地利用变化研究理论框架体系

迁移农业本身就是土地利用的一种形式，只不过由于其方式的直接性和粗放性，会带来比较剧烈的土地利用扰动，并吸引众多专家学者的目光。通常而言，土地利用受自然条件、社会经济及区域政策的综合影响，要充分认知迁移农业对土地利用的扰动情况，就要切实了解土地利用的变化过程。本章基于大量文献归纳演绎，从土地利用的基本内涵、土地利用的表现形式及土地利用变化的识别和强度诊断等角度探讨土地利用变化的运作机制，并在此基础上，寻求迁移农业与土地利用变化研究的有机结合，为迁移农业对区域土地利用的扰动影响研究提供完整理论体系。

第一节 土地利用研究要素

一 土地利用的基本内涵

要了解迁移农业对土地利用扰动的影响，就要明确土地利用的基本内涵。顾名思义，土地利用是指人类根据土地自身地理条件，结合人类科学技术，按一定的经济、社会、生态目的，对土地利用进行长期性或周期性的经营管理和治理改造，其本质就是人类为了

◇ 基于迁移农业的区域土地利用变化研究

获取自身生存发展需要从土地获取相应物资的过程（陶志红，2000）。整个过程是一个能量信息相互交换的过程，人类活动造成土地能量，土地反馈人类相应信息。人类获取土地产物，土地覆被发生变化是二者信息交换最直接的形式。一般而言，土地利用是导致土地覆被发生变化最直接也是最主要的驱动因子，同时，二者具有明显的因果关系和反馈机制，土地利用改变土地覆被变化，土地覆被影响土地利用方式（见图3-1）。

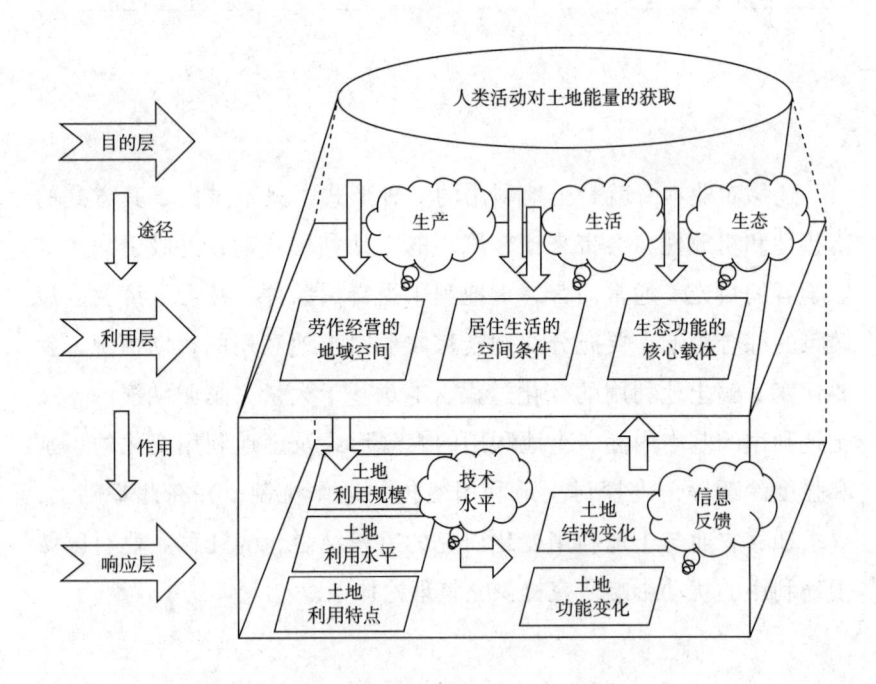

图3-1 土地利用基本内涵

二 土地利用的表现形式

结合土地利用的内涵来谈，土地利用的表现形式主要是指土地用途和土地利用程度，强调人类对土地的开发改造属性，是土地经济特征的表现（李平等，2001）。

一般来讲，土地资源利用目标只有3个，分别是获取经济利益、保护生态环境和实现社会效益，满足人们生存、生产和发展的需要。因此，土地用途是指人类利用土地达到自身目的而使土地覆被呈现的不同状态。目前，人类利用的土地利用形式主要包括耕作、放牧、伐木、城市建设、居民点、自然保护、旅游休闲、军事建设等。

土地利用程度，是指人类对土地利用的开发程度。早期土地利用程度研究主要是以类型模型表达为主，比较典型的就是德国科学家冯·屠能对农区土地利用强度的概括，以及以此基础而逐渐引申出的一般土地利用模式、图解模式、土地利用的极化和反极化模式、重力模式等。这些模式对土地利用程度表达的切入点主要是基于影响土地利用的社会因子和自然因子的细致分析。另一种土地利用程度描述则是通过数量指标体系等实现的，如我国经常使用的间接指标体系，主要是利用多个指数来反映土地的利用程度。这种方式能很好地反映土地利用的某一特点，但是对整体利用程度的表达效果一般，尤其是无法针对跨区域之间的土地利用程度比较，基本不具有普适性。因此，土地利用程度的衡量，更多是基于研究目的和需要，结合当地实际条件，因地制宜，分析阐释土地这一自然综合体在社会因素作用下而产生的变异程度，来作为研究土地利用程度的主要路径。

土地利用表现形式是人类与土地互相作用的最直观的结果，了解土地利用的表现形式，是进行土地变化科学研究的必要条件。

三 土地利用变化的识别和强度诊断

土地利用变化的识别，是基于土地利用的表现形式实现，即土地用途变化的识别和土地利用程度变化的识别（赵文武等，2018）。从土地利用变化形式的基本内涵可知，土地利用程度的变化主要是针对地区而言的，其变化程度与研究选取指标存在明显关系（刘超等，2018）。基于此，国内外开展的土地利用变化的识别和强度诊断研究，更多的是针对土地用途的变化，以及这种变化的强度趋势的。针对土地利用变化的研究又可分为动态监测和静态量化，动态监测更多的是技术手段的研发，通过实现实时土地利用变化监测和预警，对山体滑坡、泥石流等灾害的预防具有重要意义（欧维新等，2018）。静态量化的研究就是指从土地转移矩阵出发，探讨土地用途相互转换的过程，以分析区域土地利用变化趋势和规律。土地利用变化强度诊断则主要是通过量化变化过程的相关指数，通过数学计算模型评价土地利用变化的强度、广度、频率等。识别土地利用变化和开展强度诊断研究，是土地利用变化研究的核心内容。

第二节　迁移农业研究要素

迁移农业，本质上是一种特殊的土地利用形式（Flemmich，1940）。因此，开展迁移农业相关研究，不仅需要对土地利用研究要素有所了解，还应结合迁移农业具体过程，进行针对性研究。

相较于普通土地利用方式，迁移农业最大的区别就是其多数的发生是以原始森林为对象，经历砍伐与焚烧，然后开始农作物种植（Inoue et al.，2010）。当种植作物土地营养不能得到保障时，会让土地进入休耕期。如果土地质量能够得到恢复，则会进行二次耕作；如果土地质量无法再满足二次耕作，则会对该地块弃耕进而转移至下一片原始森林利用单元，弃耕的土地利用通常会经历漫长的恢复周期，从次级森林恢复至原始森林（见图3-2）。

可以看到，在整个迁移农业过程中，受影响最大的就是区域原始森林，无论是在初期开发过程，抑或是最后恢复过程。由迁移农业导致的土地利用变化，也不仅仅局限于迁移农业自身土地利用单元，其对周边乃至区域内的土地利用单位都会带来影响。基于此，开展迁移农业对土地利用扰动影响研究，如果从迁移农业对自身、对迁移农业扰动区、对整个地区的不同影响范围和强度入手，就能对迁移农业不同层级的土地利用变化影响有更好地揭示。

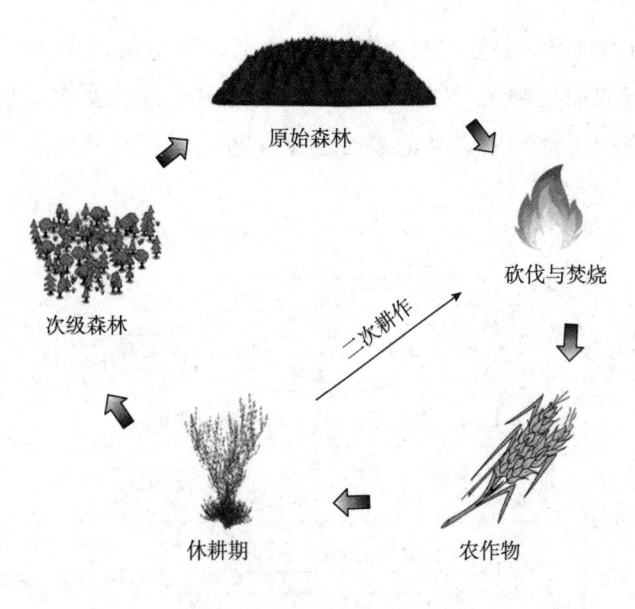

图 3-2　迁移农业过程示意

第三节　迁移农业对土地利用扰动影响的研究框架

迁移农业研究与土地利用变化研究既有相似，也有不同。要研究迁移农业对区域土地利用变化的扰动影响，于迁移农业而言，要完成其自身土地利用变化识别和土地利用程度变化识别，并以此为基石，通过分析迁移农业对土地利用变化作用机制，实现对由迁移农业带来的土地利用变化的识别和强度诊断。需要注意的是，由于迁移农业也是土地利用的一种形式，对其相互关系认知时，有效分清何为因，何为果，是开展研究的基本前提。

迁移农业作为外部信息输入，与区域自然条件、其他人类活动共同作用于土地载体，通过土地利用发生过程、迁移农业作用过程，完成土地利用对迁移农业信息接收和响应的内部运算过程，进

◇ 基于迁移农业的区域土地利用变化研究

而输出土地利用对迁移农业的反馈信息，反馈信息分为迁移农业区、迁移农业扰动区，以及整个地区土地利用变化受扰动情况，即迁移农业对土地利用扰动的最终结果，进而反馈迁移农业自身的土地利用（见图3-3）。

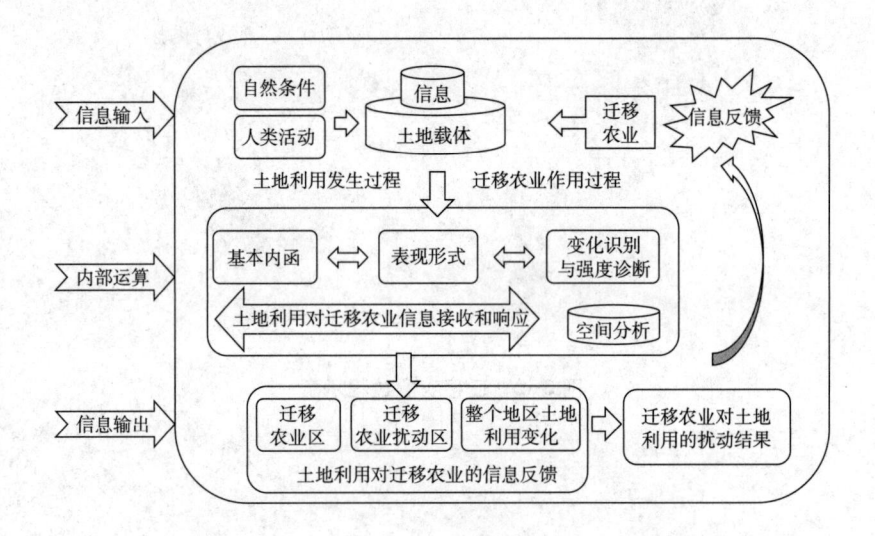

图3-3 迁移农业区域土地利用变化研究框架

第四章

基于 LandTrendr 的迁移农业时空变化研究

　　土地是人类一切生产活动的基础载体，人类活动对于土地的扰动情况是毋庸置疑的。通过对人类活动所带来的土地利用变化研究，逆推人类活动对土地利用变化的影响。于研究区而言，广泛存在的迁移农业耕作方式，对区域土地利用变化影响作用更为突出，这不仅体现在对具体土地利用单元、土地利用类型变化的改变上，而且对周边土地利用单元也会产生不可忽视的影响。

　　为此，通过对研究区迁移农业发生区域的识别，不仅能够了解区域土地利用变化的关键区域，还能从侧面逆推区域人类活动行为规律，是了解区域土地利用变化特征和规律的有效途径。基于此，本章通过 Google Earth Engine（GEE）平台调用 LandTrendr 算法，通过对其代码的补充和改进，实现对研究区 2000—2018 年遥感影像数据监测，并通过拟合迁移农业植被覆被度变化特征规律，实现对研究区内迁移农业的识别。在此基础上探讨不同国家的迁移农业变化特征和过程，以此作为各国家地区未来土地利用指导的理论数据和支撑，服务于区域土地利用变化研究。

第一节　研究的具体思路

　　GEE平台对于大尺度土地利用信息变化的监测优势是毋庸置疑的。本书研究主要基于GEE平台LandTrendr算法，通过对算法主要参数的调整，使之匹配研究区实际土地利用环境，结合归一化植被指数（NDVI）、归一化燃烧指数（NBR），对研究区符合迁移农业植被信息变化特征的区域进行识别和提取，进而了解迁移农业在研究周期内的变化过程，分析和比较研究区不同国家之间的土地利用变化差异，服务于区域土地利用战略（见图4-1）。

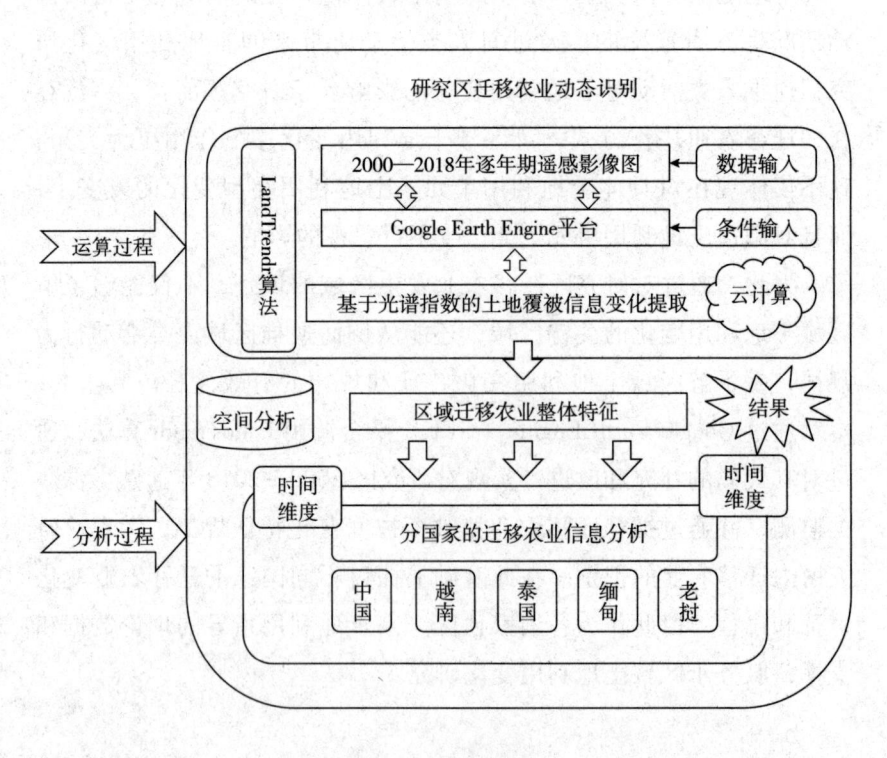

图4-1　研究思路

第二节　LandTrendr 算法

一　基本原理

土地利用变化，必然会带来土地覆被的变化，基于 GEE 的 LandTrendr 算法，能够很好地对这种变化进行监测和筛选（Robert et al.，2018）。具体而言，LandTrendr 算法主要是基于时间序列分析理念，对研究区内的 Landsat 影像像元相关信息逐一提取，通过计算该像元的光谱信息相关指数随时间变化而呈现的状态和特征，最终筛选出对实际研究有意义的像元部分（见图 4-2）。

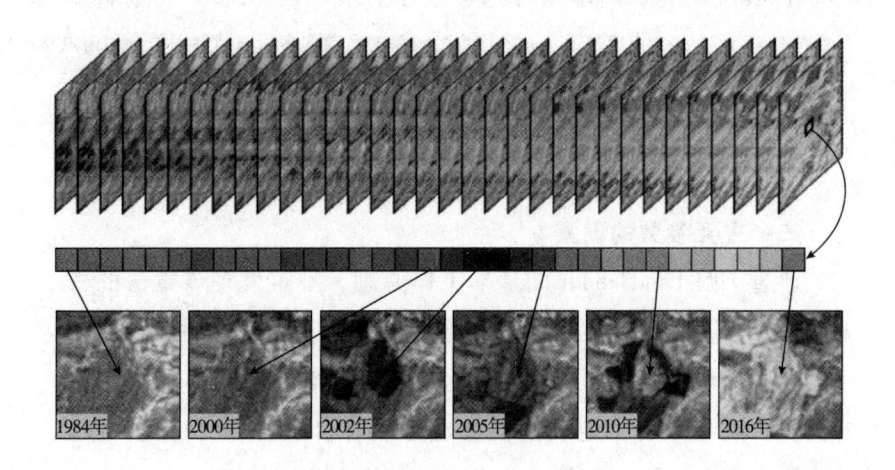

图 4-2　LandTrendr 运行原理

注：图中是以西北太平洋某区域的土地利用变化为例，能够清晰地看见该地区土地利用变化经历了一个相对稳定的时期、植被急剧变化时期及最后的恢复期。

资料来源：LandTrendr 用户指南。

LandTrendr 时间序列分析原理就是借助算法运行原理，通过获取 Landsat 影像单一像元的光谱信息（如波段、指数等）相关数据，并完成相关波段和指数的计算，将其进一步拟合成类似数学模型，通过对数学模型的断点、拐点等进行计量，以此完成对土地利用变化的时间序列分析（见图4-3）。

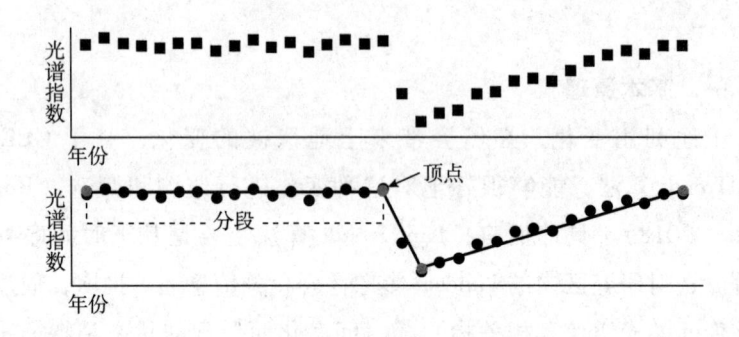

图4-3 LandTrendr时间序列分析原理

注：借助光谱数据计算得到单个波段或指数，然后通过断点（顶点）识别将其分成一系列直线段。在研究中通过设定光谱信息的相关参数值实现对土地利用变化与信息变化的反馈。

资料来源：LandTrendr用户指南。

二 主要参数的设置

通过了解LandTrendr的基本工作原理，不难发现该算法的核心要素之一就是要保障数学模型对遥感影像光谱信息拟合的准确性。

在实际地理条件下，不同地区自然条件和社会条件存在着巨大差异，由此带来的土地利用覆被也必然有自身特有的特征。因此，在实际运用LandTrendr算法之前，为了保障算法运用的准确性和可靠性，需要对算法的相关参数进行调整和校正（见图4-4）。LandTrendr算法基本参数如表4-1所示。

表4-1　　　　　　LandTrendr算法基本参数

参数	类型	含义	默认值	设定值
maxSegments	Integer	时间序列上要拟合的最大段数	6	6
spikeThreshold	Float	抑制尖峰的阈值（1.0表示无阻尼）	0.9	0.9

续表

参数	类型	含义	默认值	设定值
vertexCountOvershoot	Integer	初始模型可以使 maxSegments+1 个顶点数超出此数量。但最终计算结果将被缩减为 maxSegments+1	3	6
preventOneYearRecovery	Boolean	阻止一年期恢复波段	False	False
recoveryThreshold	Float	如果波段的恢复速率高于 1/recovery-Threshold（以年为单位），则不允许该段	0.25	1
pvalThreshold	Float	如果拟合模型的 p 值超过此阈值，则舍弃当前模型，并使用 Levenberg-Marquardt 优化器拟合另一个模型	0.1	0.01
bestModelProportion	Float	选取模型拥有顶点数最大时的 p 值	1.25	0.90
minObservationsNeeded	Integer	进行输出拟合所需的最小观测值	6	8

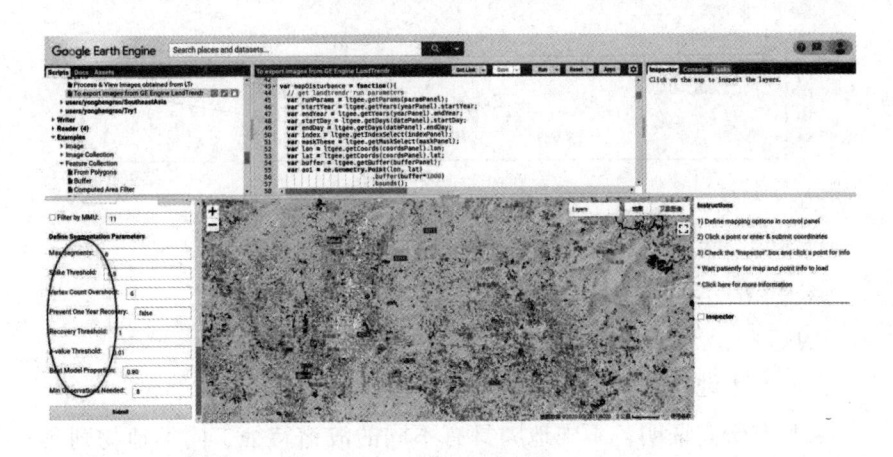

图 4-4 主要参数

三 迁移农业的识别原理

迁移农业，又称刀耕火种农业，顾名思义，是一种逐步迁徙、轮作的种植方式，其发生对象往往以林地为主体。因此，迁移农业的发生过程主要包括森林清除、农作物种植和土地休耕三个阶段，是一个非常复杂的农林复合系统。第一阶段主要是对森林植被的快速清理，多以放火的形式展开，这样既能保证植被的清除，又能留

— 35 —

下部分土壤养料。第二阶段是对清理出来的土地进行种植，典型的迁移农业往往是种植玉米、木薯等一年生作物，多发生在植被清理的后一年；第三阶段是在土壤肥料耗尽之际，放弃这块土地，随其自然恢复而开始新的迁移农业的循环。

通过分析不同阶段的迁移农业能够发现，迁移农业最典型的特征就是第一阶段的森林清除，由于其快速地从林地变为裸地，会带来植被覆被度的迅速骤降，而后开始种植作物，表现为植被覆被度的逐步恢复，但一般很难达到最初水平。基于此，为了识别迁移农业，研究利用LandTrendr算法对区域内土地利用覆被信息的提取，并对研究周期内植被覆被度变化规律符合迅速下降然后缓慢恢复的区域进行筛选，从而实现对迁移农业的识别（见图4-5）。

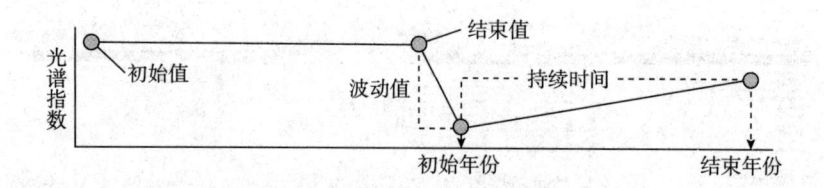

图4-5　迁移农业植被覆被度变化规律

资料来源：LandTrendr用户指南。

四　土地植被覆盖信息的表征

既有研究证明，不同地物具有不同的波谱特征，同类地物则具有相同或相似的波谱特点，由不同探测器获取的多光谱遥感影像图就是对地物特征量化的数字图像。基于遥感影像数据的获取主要是通过对图像中各地类地物的光谱信息和空间信息进行处理分析，通过选择不同波段的信息组合，将图像中每个像元所蕴含的信息按一定规则或算法划分和计算，进而得到遥感影像中与实际地物相对应的特征信息，实现对不同地物场景的研究分析。

通过遥感图像获取植被变化信息的手段主要有植被指数法、回归分析法、分类决策树法、人工神经网络法、像元分解模型法、模型反演法等，其中最为常见、接受度最高的就是植被指数法。植被指数主要基于植被在红光和近红外波段的差异性光谱特征得出，其原理是植被由于叶绿素光合作用的强吸收作用，高植被覆盖度的地区反射的红光能量将有明显降低，而植被对近外红外波段的辐射则几乎不吸收，因此植被覆盖度越高，其反射的近红外波段能量也会大大增加。常用的植被指数，主要包括扰动指数（DI）、综合森林特征指数（IFZ）、归一化湿度指数（$NDMI$）、归一化燃烧指数（NBR）及归一化植被指数（$NDVI$）等，不同指数往往对应着不同植被覆盖类型并有不同的响应程度。$NDVI$ 指数作为归一化植被指数，能够很好完成对植被生长状态、植被覆盖度的表征，实现对土地植被覆盖程度的识别；而 NBR 又称归一化燃烧指数，其对森林火灾反应最敏感，能够对火源引起的土地覆被变化有较好的响应，除此之外，其对森林砍伐等也有较好的监测作用（李洛晞等，2016）。基于此，考虑到研究区内迁移农业的种植方式，本书将采用归一化植被指数和归一化燃烧指数来进行土地利用变化监测，以更好地结合区域用地实际条件，更为有效准确地识别土地利用变化信息。二者计算公式类似，具体如下：

$$NDVI = (NIR-SWR)/(NIR+SWR) \tag{4-1}$$

$$NBR = (NIR-SWIR)/(NIR+SWIR) \tag{4-2}$$

式中，NIR、SWR、$SWIR$ 分别为近红外波段、红波段及短波红外波段的反射率。

第三节 迁移农业的空间识别研究

根据前人研究，通常情况下，森林的 NDVI 值和 NBR 值分别为 0.6 和 0.4，火烧迹地的 NDVI 值和 NBR 值分别为 0.2 和 -0.1（孙桂芬等，2019）。因此，对于迁移农业而言，研究需要识别 NDVI 值和 NBR 值在研究周期内（通常为 1 年）分别快速减少值为 0.4 和

0.5而后逐步恢复的区域,即可认定为迁移农业发生区。

一 迁移农业的空间识别

基于 NDVI 和 NBR 识别迁移农业的结果整体相似。迁移农业在整个研究区内广泛存在,以中部、西部地区为主,东北部、东部地区相对较少。从空间分布图上不难看出,迁移农业的分布存在明显的空间集聚性,频繁发生迁移农业行为的区域相对较为集中,这与人类活动范围的有限性和当地传统耕作习俗有关。一般而言,如果区域存在迁移农业这一传统耕作方式,那么这种耕作方式往往会传承下去,如果区域不存在迁移农业,那么该区域一般不会突然出现迁移农业。这与当地发展历史有关。在这种情况下,结合人类活动的迁移距离,就会使迁移农业相对集中,具有明显的聚集效应。

研究中迁移农业的发生时间,是指迁移农业第一阶段发生的时间,即森林清除的发生时间。从发生时间的研究来看,迁移农业不仅在空间集聚,其发生时间也存在明显的连贯性。邻近区域迁移农业发生的时间往往相对接近。研究区迁移农业发生时间并没有特别明显的规律,各个部分、各个时间段皆有迁移农业发生。这是因为研究区涵盖较广,包含不同国家或地区,各个国家内具有自己的迁移农业发生周期,从而体现出这种特征。不过整体来看,基于 NDVI 识别的迁移农业发生时间和基于 NBR 识别的迁移农业发生时间在部分地区具有一定差异,这可能与 NDVI 和 NBR 各自的计算公式有关,基于不同计算公式模拟出来的 NDVI 值和 NBR 值域拐点会有一定差异性。同时,由于 NBR 能够更好地识别森林火灾,对火迹用地更为敏感,因此,基于 NDVI 的迁移农业的识别面积要比基于 NBR 识别的迁移农业更小。

整体来看,在整个研究周期内,研究区迁移农业发生面积较大,土地利用变化在很大程度上受到了迁移农业行为的影响。

二 基于 NDVI 和 NBR 的迁移农业识别效果分析

通过前述研究,我们了解到基于 NDVI 识别的迁移农业和基于 NBR 识别的迁移农业在部分情况下存在较大差异。为此,为了比较

第四章 基于 LandTrendr 的迁移农业时空变化研究

两种识别结果在接近或者是反馈土地利用单元植被变化情况的优劣，本书研究拟开展基于 NDVI 和 NBR 识别的迁移农业效果分析。

通常而言，迁移农业带来的土地利用变化主要是以林地转换为园地（用于种植橡胶等多年生作物）或者以林地换转为耕地（用于种植玉米、水稻等一年生作物）为主，由此带来的土地利用植被变化特征亦有所不同。基于此，为了切实了解基于 NDVI 识别的迁移农业和基于 NBR 识别的迁移农业哪一种更能贴合实际情况，本章拟通过目视判别，从迁移农业识别区内抽选了两个当前土地变化类型分别为园地和耕地的斑块作为分析样点，探讨该斑块在整个研究周期内的植被覆盖度变化情况，在此基础上，结合 LandTrendr 算法识别迁移农业原理，计算 NDVI 和 NBR 计算的实际植被覆盖度与 LandTrendr 算法的耦合度，分析两种不同指数对于识别迁移农业的不同效果。

（一）基于园地的迁移农业识别效果

研究首先通过目视判读，从迁移农业识别区中抽选出土地利用类型在 2018 年为园地的土地利用单元（见图 4-6），不难发现，该土地利用目前种植作物为天然橡胶。

图 4-6 2018 年土地利用类型为园地的迁移农业识别区

◇ 基于迁移农业的区域土地利用变化研究

　　当该土地利用单元的迁移农业行为发生时，土地利用类型变为园地，如此，对应的土地斑块将经历森林清除，随后种植多年生作物，由此带来的土地植被覆盖度的情况应该是由骤减到缓慢恢复。为此，本书研究绘制了研究期间内基于 NDVI 和 NBR 计算的土地植被覆盖度及其与 LandTrendr 算法的拟合度图（见图 4-7、图 4-8）。结果表明，LandTrendr 算法对基于 NDVI 计算的土地植被覆盖度和基于 NBR 的土地植被覆盖度都有较好的拟合度，对于迁移农业发生的时间拐点都能很好地识别。

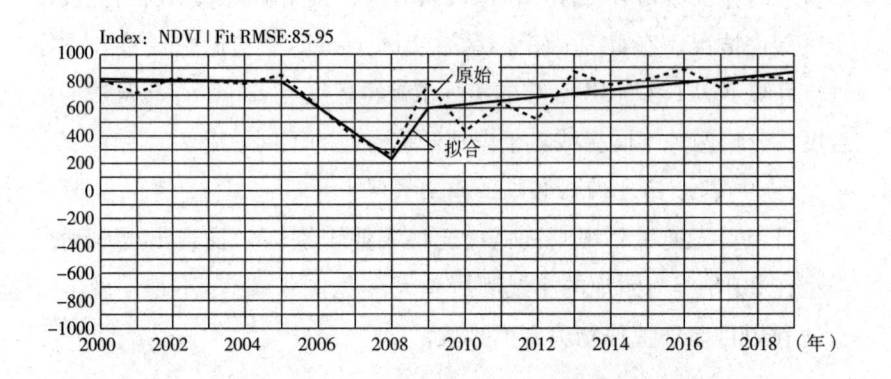

图 4-7　2000—2018 年基于 NDVI 的 LandTrendr 算法拟合图

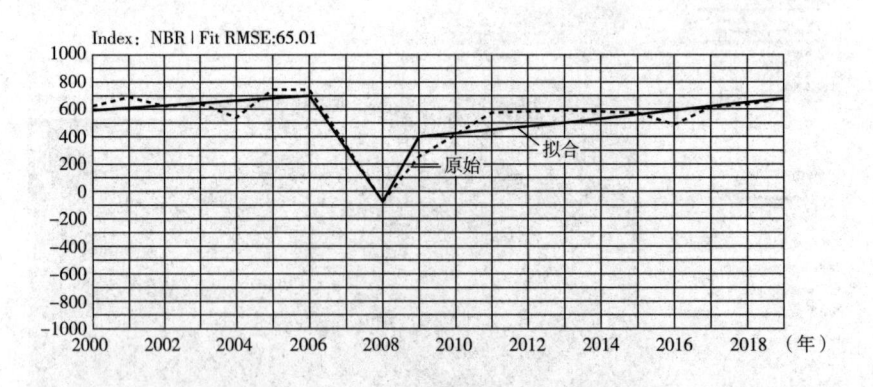

图 4-8　2000—2018 年基于 NBR 的 LandTrendr 算法拟合图

　　具体而言，基于 NDVI 表征的土地利用单元植被覆盖情况在迁

第四章
基于LandTrendr的迁移农业时空变化研究

移农业发生前变化并不明显，整体波动较为平缓，但在迁移农业发生之后，由NDVI所表征植被覆盖情况变化剧烈，这就造成LandTrendr算法较难拟合，对最终拟合结果有一定影响，不过其最终拟合的均方根误差为85.95（计算结果放大1000倍，实际值应为0.08595），整体拟合度较高，基于NDVI表征的土地利用单元植被覆盖情况能够应用LandTrendr算法。当然，从研究抽选的样点来看，纵然LandTrendr算法对基于NDVI表征的迁移农业发生后期土地覆被信息变化波动并未完美拟合，其对迁移农业的识别结果却并没有什么实质性影响，但不排除在极端情况下，这种拟合状态会对迁移农业识别区造成影响。

基于NBR表征的土地利用单元植被覆盖情况在迁移农业发生前变化与NDVI结果类似，整体变化并不明显。而对于迁移农业发生的年份，由于NBR对火迹地的状态更为敏感，计算的NBR值为负值，因此其对于迁移农业的识别大有裨益。在特殊情况下，即使迁移农业发生前期土地植被覆盖度不够高，但由于NBR为负值，也能很好地识别这种过程。由NBR所表征的植被覆盖度在迁移农业发生后也有所波动，但相对较为平滑，这有利于LandTrendr算法对其进行拟合，最终拟合的均方根误差为65.01（实际值应为0.06501），也要略小于NDVI。

（二）基于耕地的迁移农业识别效果

基于耕地的迁移农业识别效果研究与基于园地的迁移农业识别效果研究思路一致。所以需要从迁移农业识别区中抽选出土地利用类型在2018年为耕地的土地利用单元（见图4-9）。

当该土地利用单元的迁移农业行为发生时，土地利用类型变为耕地，如此对应的土地斑块将经历森林清除，随后种植一年生作物，由此带来的土地植被覆被度的情况应该是由骤减然后恢复至趋于平缓。同样，本书研究绘制了研究期间内基于NDVI和NBR计算的土地植被覆被度及其与LandTrendr算法的拟合度图（见图4-10、图4-11）。结果表明，当发生迁移农业的土地利用单元转换成耕地

◆ 基于迁移农业的区域土地利用变化研究

时，LandTrendr 算法对基于 NDVI 计算的土地植被覆盖度和基于 NBR 的土地植被覆盖度都有较好的拟合度，对于迁移农业发生的时间拐点都能很好地识别。

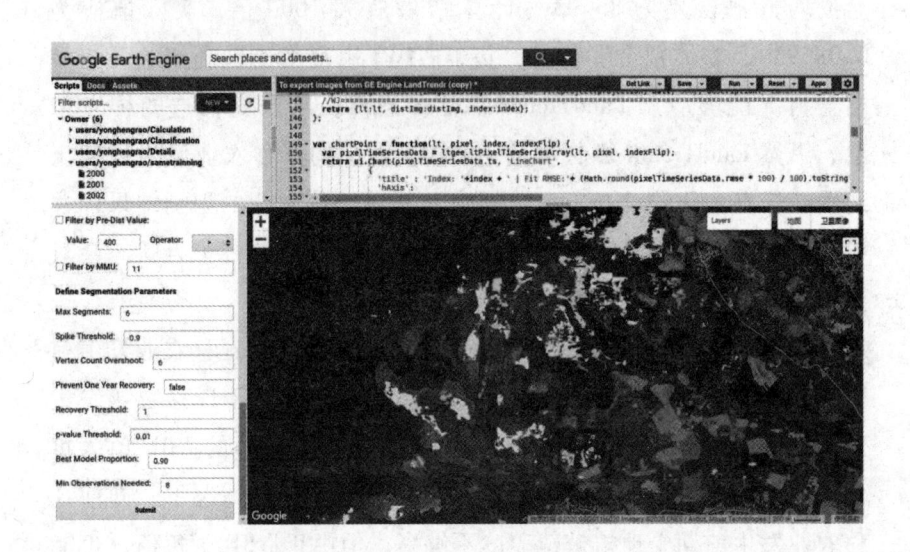

图 4-9　2018 年土地利用类型为耕地的迁移农业识别区

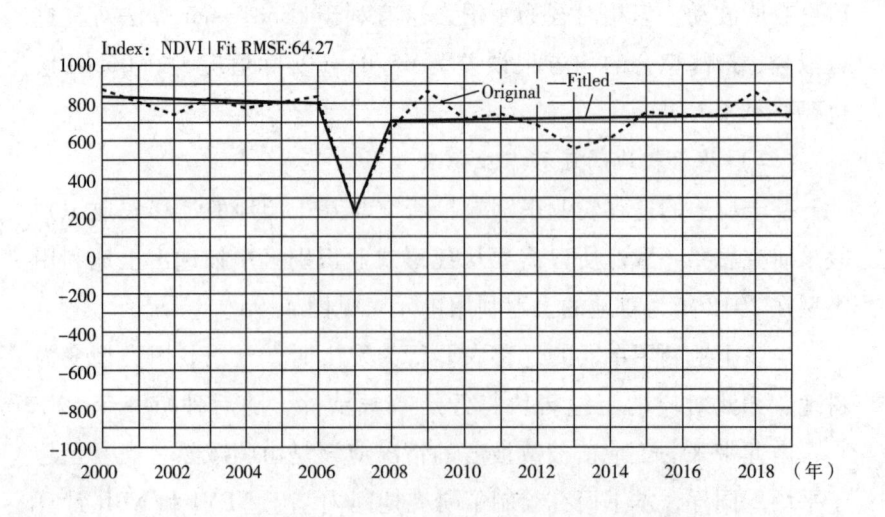

图 4-10　2000—2018 年基于 NDVI 的 LandTrendr 算法拟合图

第四章
基于 LandTrendr 的迁移农业时空变化研究

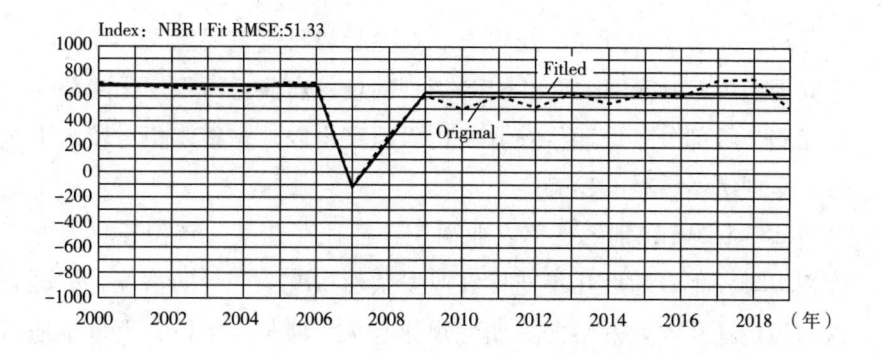

图 4-11　2000—2018 年基于 NBR 的 LandTrendr 算法拟合图

相较于土地利用类型为橡胶用地的迁移农业发生区，土地利用类型为耕地时的拟合效果更好，推测其主要原因是耕地种植更多为一年生作物，其植被变化程度更多是稳定地下上浮动，不会有较大幅度振荡。基于 NDVI 和基于 NBR 表征的土地利用单元植被覆盖情况也进一步印证了这种推论。在迁移农业发生前，土地植被情况相对稳定，当迁移农业行为发生时，NDVI 值和 NBR 值会发生大幅度下降，随后恢复至一定水平后趋于稳定。

研究中，LandTrendr 算法对基于 NDVI 表征的土地利用单元植被覆盖情况的最终拟合均方根误差为 64.27（实际值应为 0.06427），而基于 NBR 表征的土地利用单元植被覆盖情况的最终拟合均方根误差为 51.33（实际值应为 0.05133）。LandTrendr 算法对基于 NBR 表征的土地利用单元植被覆盖情况拟合度要优于 NDVI。

综上所述，无论土地利用单元类型是园地还是耕地，LandTrendr 算法对基于 NBR 表征的植被覆盖情况拟合度都要略优于 NDVI。

第四节　迁移农业的时空演替过程

一　迁移农业的时空变化过程

在迁移农业空间识别的基础上，对迁移农业面积变化过程的定量分析，对于了解研究区迁移农业发生趋势具有重要意义。在整个研究周期内，基于NDVI和NBR识别的迁移农业的面积变化趋势大致相同，除部分年份迁移农业变化面积突出以外，整体相对较为平缓，呈现缓增缓减的趋势。

基于NDVI识别的迁移农业面积，往往存在某一年份迁移农业面积大量发生，随后几年迁移农业发生面积就会变少的情况，推测这与当地迁移农业发生的周期性规律有关，即某一年份，大量土地处于迁移农业的第一阶段，而在随后几年内则处于第二、第三阶段，根据研究的监测原理，主要是针对处于第一阶段的迁移农业进行识别，因此出现这种规律性特征。基于NDVI识别的迁移农业变化面积较大的年份是2001年、2003年和2010年，其他年份相对小很多［见图4-12（a）］。整体上迁移农业发生面积有逐步减少的趋势，这与随着科技技术条件进步，人类逐渐摒弃迁移农业这一传统劳作方式相符合。

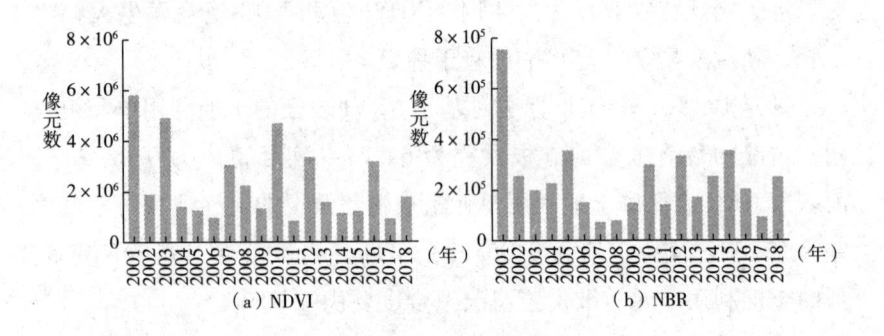

图 4-12 迁移农业面积变化过程

基于NBR识别的迁移农业更为稳定，除了2001年的异常值之外，其他年份的迁移农业发生面积峰值相近，整体变化的周期性规律与基于NDVI识别的迁移农业面积变化规律类似，都是在某一年份识别面积增幅较大，而后增幅减小［见图4-12（b）］。

二　迁移农业的恢复过程

迁移农业的恢复过程，是指迁移农业发生的第二、第三阶段，是

第四章
基于 LandTrendr 的迁移农业时空变化研究

土地植被覆盖度逐步增加、缓慢恢复的过程，它既包括人类种植作物带来的植被覆盖度的恢复，也包括休耕之后植被的自然生长。通过识别区域植被恢复过程，计算土地单元植被恢复周期，不仅能分析由迁移农业带来的土地植被覆被变化情况，也能从不同的恢复周期，推断迁移农业活动发生的周期。结合基于 LandTrendr 算法的迁移农业识别原理，能够有效地对这一过程的具体恢复周期进行量算。

基于 NDR 识别的迁移农业恢复过程结果表明，绝大多数迁移农业的恢复周期在 7 年以内，不同恢复周期的迁移农业数量有随着周期加长而逐渐减少的趋势。这一方面是因为在实际土地利用过程中，短恢复周期更多是受人类活动的影响，当土地单元上的森林被快速清除，随后由人类活动来种植植被作物，这样就能促使土地植被覆盖度快速恢复并随后趋缓变化至下一个土地利用变化周期。另一方面是因为在迁移农业识别的研究周期内，更多考虑的是土地是否发生迁移农业行为，如果是，则计入迁移农业识别区。而在识别迁移农业的恢复周期时，如果该土地的迁移农业发生在研究周期的末期，而由此计算的恢复周期就会受到研究时间段的影响，会导致迁移农业恢复周期的不完整。以上，可能是迁移农业恢复周期较长的土地利用单元数量相较于恢复周期短的土地利用单元有较大差距的原因之一。

基于 NDVI 识别的迁移农业和基于 NDR 识别的迁移农业除了在识别的具体数量上有所不同之外，二者识别的迁移农业的恢复过程周期结果类似，基于 NBR 识别的迁移农业恢复周期小于 7 年的土地利用单元占比为 90.54%，而基于 NDVI 识别的迁移农业恢复周期小于 7 年的土地利用单元占比为 92.38%，整体结果十分接近，进一步说明绝大多数迁移农业恢复周期在 7 年以内。可以说，两种不同指数对迁移农业识别的差异性更多的是体现在数量上，而对于既有识别区内的迁移农业行为能够有较好的揭示。

第五节 不同国家迁移农业的差异性特征

不同国家由于其地理条件、气候条件、经济水平、人文风俗等因素的影响，其迁移农业区必然会有其固有特色，由迁移农业带来的土地利用变化影响也不同。基于此，分析不同国家或地区的迁移面积变化和发生时间，对于了解区域土地利用变化实际情况具有现实意义。

一 不同国家迁移农业的面积差异

考虑到不同国家整体面积差异，为了进行横向对比，本书重点分析在研究区内，不同国家迁移农业区面积占研究区内该国家面积的比重情况，进而了解区域内迁移农业的发生情况和概率。

基于 NDVI 识别的迁移农业区和基于 NBR 识别的迁移农业区在不同国家的面积占比结果类似（见图4-13），其中迁移农业识别效果最接近的是泰国、缅甸、越南。老挝地区基于 NBR 识别的迁移农业区面积要小于基于 NDVI 识别的迁移农业区，究其原因是老挝地区地处森林密集区，NDVI 对森林植物冠层有较好的识别作用。于中国地区而言，基于 NBR 和 NDVI 识别的迁移农业区差异最大，基于 NBR 识别的迁移农业发生概率接近10%，而基于 NDVI 识别的迁移农业发生概率仅有5%，推测主要原因是中国地区城市发展较为迅速、人类活动剧烈，而由此带来的土地变化也更为复杂，基于 NDVI 识别的迁移农业区在实际测算中会忽视部分变化过程，而由于 NBR 对森林砍伐、火灾发生更为敏感，能够对这种情况有所弥补。

整体来看，迁移农业活动最为剧烈的国家是缅甸地区，对一个土地利用单元而言，在研究周期内（2000—2018 年）有近13%的概率发生迁移农业活动；而后是泰国地区，其迁移农业发生概率接近9%；老挝地区的迁移农业发生概率接近8%；中国地区由于两个指数计算结果差异较大，取二者平均值得中国地区发生迁移农业的概率约为7.5%；越南地区迁移农业发生概率最小，只有5%，迁移

第四章
基于 LandTrendr 的迁移农业时空变化研究

农业活动并不剧烈。

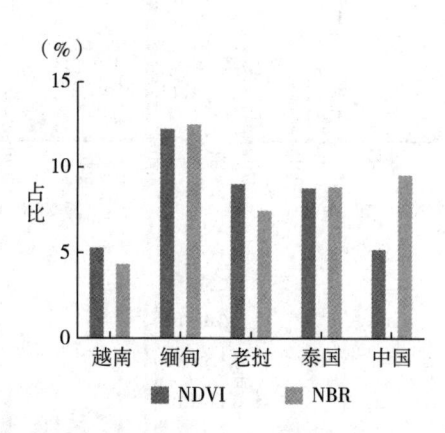

图 4-13 不同国家迁移农业区面积占比

二 不同国家迁移农业的发生时间差异

针对不同国家迁移农业发生时间的研究，主要是为了了解不同国家迁移农业发生概率随时间推移而产生的不同特征，进而了解迁移农业的发展趋势（见图 4-14）。

于中国地区而言，基于 NDVI 识别的迁移农业区变化规律明显，除部分年份异常增大之外，整体变化较为平均，而随着时间的推移，并没有呈现出逐步减弱的趋势，这也就意味着迁移农业这一传统种植方法在很大程度上依然存在。基于 NBR 识别的迁移农业区与 NDVI 识别的迁移农业区变化趋势基本相同，但出现的峰值年份不同，基于 NBR 识别的迁移农业区分别在 2001 年、2005 年、2012 年、2018 年，整体有近似等差数列特征，也就是土地利用变化的周期性规律，从迁移农业的角度来说，即是迁移农业的发生周期在 5—7 年。同一周期内的迁移农业活动结束，就会同步开展新地区的迁移农业，从而导致迁移农业区识别面积变化的峰值出现。

缅甸地区的迁移农业区变化非常平缓，基于 NBR 和 NDVI 识别的迁移农业整体变化趋势相同。除了迁移农业变化面积在 2001 年为异常值之外，后续年份的面积变化较为平缓，但同样存在着起伏。

◇ 基于迁移农业的区域土地利用变化研究

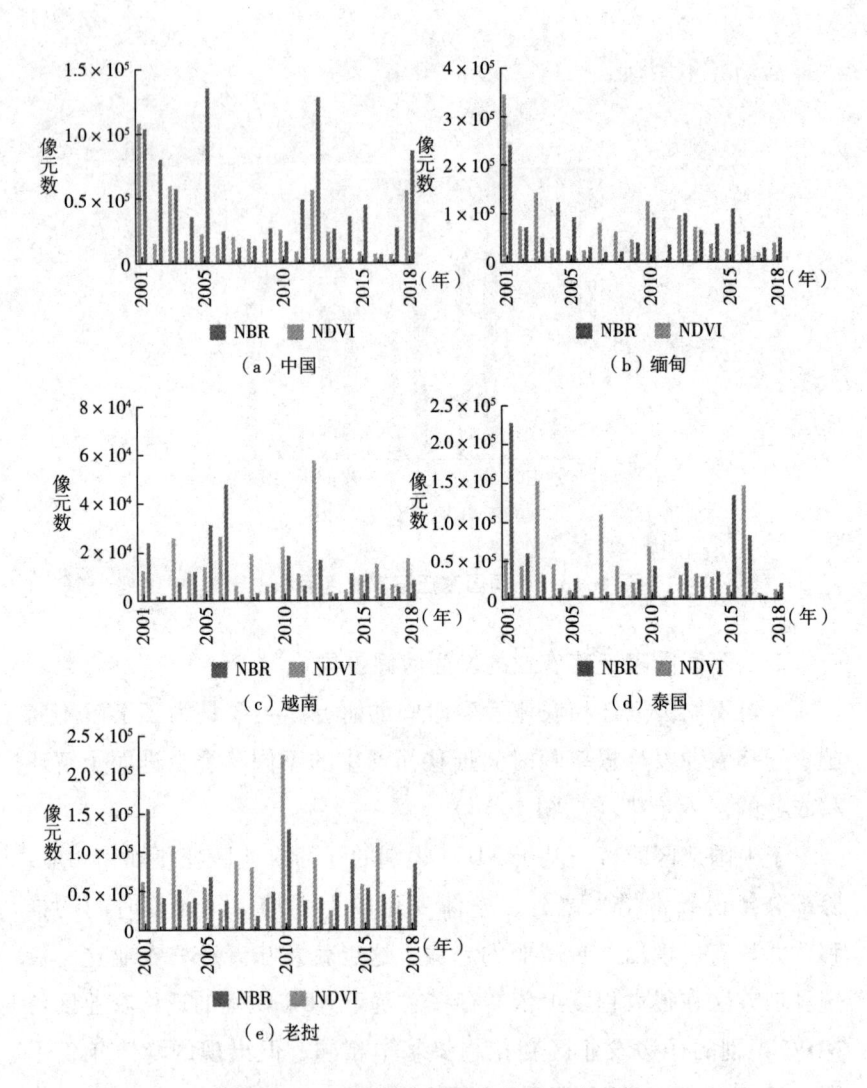

图 4-14 不同国家迁移农业的发生时间

不同于中国地区周期性规律明晰,缅甸地区无论是基于 NBR 还是基于 NDVI 识别的迁移农业变化面积都没特别明显的周期性规律,由通过前述研究知道,缅甸地区迁移农业发生概率较大,基于此推测,这种非周期性规律的存在正是由广泛存在的迁移农业行为所导致。

基于 NBR 识别的越南地区迁移农业面积变化存在三个明显的波

段特征，从 2000—2006 年的逐步增强，到 2007 年锐减后缓增至 2010 年，以及 2010—2018 年的逐步减弱，整体强度有逐步减弱的特征。越南地区基于 NDVI 识别的迁移农业区与基于 NBR 识别的迁移农业结果大致类似，也有较为明显的周期性特征。

泰国地区的迁移农业识别结果与中国最为相似，都是由较大迁移农业变化面积组和较小迁移农业变化面积而呈现周期性规律。但基于 NBR 识别的最大迁移农业变化面积是发生在 2001 年，而基于 NDVI 识别的最大迁移农业变化面积发生在 2003 年。部分年份两种不同指数识别的迁移农业差距较大。

老挝地区基于 NDVI 识别的迁移农业变化面积变化特征最为明显，除 2010 年面积为异常值之外，其余各年份迁移农业发生面积接近，随着时间的推移，呈锯齿形上下波动，但整体有逐步衰减的趋势，而基于 NBR 识别的迁移农业面积也大体相似。

基于以上内容，各个国家迁移农业发生面积随着时间推移有各自不同的特征，整体并没有出现预期地随着人类对生态环境保护观念的加深，迁移农业行为大幅减少的趋势。这或是由于研究区地处偏远，人类生态环境保护意识欠缺；抑或是人类追求生存、生产的意志要远远大于生态环境保护。总而言之，增强人类环境保护意识的任务任重而道远。

第六节 小结

本章的核心目的是通过对研究区迁移农业发生区的识别，进而了解区域土地利用变化特征和规律的有效途径。本章首先通过 GEE 平台调用 LandTrendr 算法，通过对其代码的补充和改进，实现对研究区 2000—2018 年遥感影像数据监测，考虑到研究区内"刀耕火种"的种植方式，采用归一化植被指数和归一化燃烧指数来表征土地利用单元植被覆被情况，以此拟合迁移农业植被覆盖度变化特征规律，实现对研究区内迁移农业的识别，在此基础上探讨了不同国家的迁移农业变化特征和过程，以此作为各国家地区未来土地利用指导的理论数据和支撑。然后结合基于 NDVI 的迁移农业识别和基于 NBR 的迁移农业识别的差异性结果，分析了 LandTrendr 算法对两种不同指数的拟合度。

一 迁移农业识别及其变化过程研究

迁移农业在整个研究区内广泛存在，以中部、西部地区为主，东北部、东部地区相对较少，迁移农业的分布存在着明显的空间集聚性，频繁发生迁移农业行为的区域相对较为集中。从迁移农业发生时间来看，迁移农业不仅在空间集聚，其发生时间也存在着明显的连贯性。邻近区域迁移农业发生的时间往往相对接近。研究区迁移农业发生时间并没有特别明显的规律，各个部分各个时间段皆有迁移农业发生。

通过对迁移农业面积变化过程的定量分析可知，基于 NDVI 和 NBR 识别的迁移农业的面积变化趋势大致相同，除部分年份迁移农业变化面积突出之外，整体相对较为平缓，呈现缓增缓减的趋势。在整体趋势上，迁移农业发生面积有逐步减小的趋势，这与随着科技技术条件进步，人类逐渐摒弃迁移农业这一传统劳作方式相符合。

由基于 NDVI 和 NDR 识别的迁移农业恢复过程可以看出，绝大多数迁移农业的恢复周期在 7 年以内，不同恢复周期的迁移农业数量有随着周期加长而逐渐减少的趋势。不同指数除了在识别的具体数量差距上有所不同之外，二者识别的迁移农业的恢复过程周期结果类似。可以说，两种不同指数对迁移农业识别的差异性更多地体现在数量上，而对于既有识别区内的迁移农业行为能够有较好的揭示。

二 迁移农业识别效果分析

基于土地利用类型为园地的迁移农业识别效果研究结果表明，基于 NDVI 表征的土地利用单元植被覆盖情况其最终拟合的均方根误差为85.95（因为计算结果放大1000倍，实际值应为0.08595）；基于NBR表征的土地利用单元植被覆盖情况最终拟合的均方根误差为65.01（实际值应为0.06501），要略小于NDVI。而相较于土地利用类型为园地的迁移农业发生区而言，土地利用类型为耕地时的拟合效果更好。LandTrendr算法对基于NDVI表征的土地利用单元植被覆盖情况的最终拟合均方根误差为64.27（实际值应为0.06427），而基于NBR表征的土地利用单元植被覆盖情况的最终拟合均方根误差为51.33（实际值应为0.05133）。综上所述，无论土地利用单元类型是园地还是耕地，LandTrendr算法对基于NBR表征的植被覆盖情况拟合度都要优于NDVI。

三 迁移农业的差异性特征

基于NDVI识别的迁移农业和基于NBR识别的迁移农业在不同国家的面积占比结果类似。整体来看，迁移农业活动最为剧烈的是缅甸地区，对一个土地利用单元而言，在研究周期内（2000—2018年）有近13%的概率发生迁移农业活动；而后是泰国地区，其迁移农业发生概率接近9%；老挝地区的迁移农业发生概率接近8%；中国地区由于两个指数计算结果差异较大，取二者平均值得中国地区发生迁移农业的概率约为7.5%；越南地区迁移农业发生概率最小，只有5%，迁移农业活动并不剧烈。

不同国家迁移农业的发生时间差异研究表明，中国地区迁移农业变化规律明显，除了部分年份异常增大之外，整体变化较为平均，而随着时间的推移，并没有呈现出逐步减弱的趋势，整体有近似等差数列特征，也就是土地利用变化的周期性规律。缅甸地区的迁移农业变化非常平缓，除了迁移农业变化面积在2001年为异常值之外，后续年份的面积变化不大。越南地区迁移农业面积变化存在三个明显的波段特征，从2000—2006年的逐步增强，到2007年锐减后缓增至2010年，以及2011—2018年的逐步减弱，整体强度有逐步减弱的特征。泰国地区的迁移农业识别结果与中国地区最为相似，都是由较大迁移农业变化面积组和较小迁移农业变化面积交替呈现的。老挝地区迁移农业变化面积变化特征最为明显，除2010年的异常值之外，各年份迁移农业发生面积接近，随着时间的推移，呈锯齿形上下波动，但整体有逐步衰减的趋势。

  基于以上内容，各个国家迁移农业发生面积随着时间推移有各自不同的特征，整体并没有出现预期的随着人类对生态环境保护观念的加深，迁移农业行为大幅减少的趋势。这或是由于研究区地处偏远，人类生态环境保护意识欠缺；抑或是人类追求生存、生产的意志要远远大于生态环境保护。总而言之，增强人类环境保护意识的任务任重而道远。

第五章 基于迁移农业的区域土地利用类型演替研究

迁移农业对区域土地利用变化的影响作用明显，了解迁移农业地区土地利用演变规律，是说明迁移农业区域土地利用变化的又一路径。在前述研究中，已经证明了迁移农业对周边土地利用的影响不可忽视。而实际上，人类活动对于土地利用的具体过程往往以土地利用类型的方式呈现。基于此，探讨迁移农业地区土地利用类型演替规律，有利于完善基于迁移农业的区域土地利用变化研究。本章内容将以土地利用类型为载体，从土地利用类型识别、土地利用结构演替、土地利用累计变化率、土地利用变化强度和周期等方面，分析和研究迁移农业地区土地利用类型演替过程和规律，探讨迁移农业对土地利用类型演替的扰动作用。

第一节 基于 Google Earth Engine 平台的遥感影像数据的处理与解译

Google Earth Engine（GEE）平台是一个用于学术、非营利、商业和政府用户的科学分析和可视化地理空间数据集的平台，其托管了可追溯 40 多年前的绝大多数遥感卫星图像（Landsat、Sentinel、

Modis 等），并将其存储在公共数据存档中，由学者免费获取。除了基本遥感影像之外，GEE 还有大量由其他机构部门共享的地表温度、气候变化、土地覆被、海拔高程、降雨降水、环境和社会经济数据集等，都可供使用者自由调用。本书研究基于 GEE 在线平台数据获取 2000—2018 年的 Landsat 7/8 卫星遥感影像，进而实现对遥感影像的解译。

一　数据源

为了评估研究区域内土地利用类型演替变化，本书研究使用了 2000—2018 年 Landsat 7/8 卫星图像，并依次对 2000—2018 年遥感影像进行处理。在研究的每年年期内，为了保证遥感解译对地类识别的准确性和可靠性，对遥感影像的选择主要以 5—10 月为主，而在实际操作中，由于部分年份遥感影像在该时间段内云层过厚、质量过差等，无法直接使用，因此将影像的选择时间范围扩大至全年，最终目的是在保障遥感影像选择达到解译标准的前提下，提高影像的解译精度。基于以上逻辑，遥感影像的选择按以下优先级顺序进行。

（1）5—10 月的 Landsat8 遥感影像。

（2）5—10 月的 Landsat7 遥感影像。

（3）Landsat8 全年的遥感影像。

（4）Landsat7 全年的遥感影像。

需要说明的是，研究之所以更倾向于使用 5—10 月的遥感图像，是因为在该时间段内研究区域内的植被覆盖度相对更为完整，这样获得的遥感解译结果也更为准确，有利于研究该地区的土地利用类型变化概况。

二　分类与回归树算法原理

（一）CART

CART（Classification And Regression Tree）算法是一种使用一组训练数据自动生成决策树的方法。CART 的理念是基于基尼不纯度概念产生的。当所有类比都均等分布时，基尼不纯度最高；而当一组中仅存在一个类别时，基尼不纯度最低（Breiman et al.，1984）。基尼不纯度可以通过分类误差、熵和基尼系数来进行量化（Hastie and Tibshirani，2008）。

该算法将初始数据分为两个子集（或节点），它们的基尼不纯度含量比初始数据低。通过选择拆分变量并设置可最大限度减少基尼不纯度的阈值来完成此操作，以此类推，使用相同的程序将每个子集划分为更多子集（Breiman et al.，1984），直到最终子集是纯子集（仅包含一个类别的样本）或应用了用户定义的停止标准，未进一步拆分的子集称为叶子（Hastie and Tibshirani，2008）。

基尼不纯度的计算公式与基尼系数计算相似，如式（5-1）所示：

$$\phi(p) = \sum_j p_j(1 - p_j) \tag{5-1}$$

式中：p_j 为子集中的样本属于 j 类的概率。而 p_j 的计算方式则是通过将子集中的 j 类样本除以子集中的样本总数，子集是根据子集中的子集数量进行加权。在大多数 CART 计算模型中，仅仅考虑二进制变量，而且采用的变量往往是连续的。在这种情况下，算法会设置阈值（变量 V<阈值或变量 V>阈值），用于将数据分为两个更纯的子集。

（二）随机森林（Random Forest）

如果说 CART 算法是一棵树，则随机森林（RF）是树的集合。RF 是一种集成方法，它将大量不相关的树合并在一起。使用这种方法的目的是通过平均许多不同的树来减少单个决策树的方差。该算法将增加用户定义的树数量。每棵树都是用训练数据中的随机子集构建的。各个树的生长类似于 CART，但是在每个分割点处仅考虑随机数 m 个变量，而不是所有变量。这样，算法可确保不总是选择相同的变量。目标的分类结果由每棵单独的树分类，目标的分类方式则由森林决定。如果减少随机变量（m）的数量，则树之间的相关性及方差都会降低（Hastie and Tibshirani，2008）。

三 数据处理

（一）创建训练数据

训练数据的创建主要是基于研究需要进行的，结合研究目的，我们将研究区土地利用类型初步分为林地、园地、水域、裸地、耕地、建设用地，这6类地物在所选监督分类时可区分性较强，在影像上具有明显特征。在完成初次分类之后，考虑到研究区域内存在着大量的转移轮作、刀耕火种等种植方式，在分类结果的基础上进行二次分类，将林地分为原始森林和次级森林（多来自迁移农业休耕期），以此来研究迁移农业对林地的影响，同时，东南亚地区作为橡胶的重要提供场所，橡胶用地的变换会非常频繁，因此将园地中的橡胶用地单独提取出来进行分析，以服务于研究区域土地利用类型演替研究。至此，研究采用的土地利用类型包括原始森林、次级森林、橡胶用地、园地、水域、裸地、耕地和建设用地共八大类。

为了减少由训练样本差异所带来的各期遥感影像数据的分类误差，研究在进行目视解译时尽量保障各期训练数据的一致性，即样本多选取2000—2018年土地利用类型未发生变化的区域作为训练样本。在实际操作中，单土地类型的从目视解译获取的训练样本累积像元超过了5000个（有像元点，也有斑块），尽管GEE平台处理遥感数据的优势就是能够进行大量快速的运算，但即使如此，如此巨大的训练样本依然存在着计算压力。基于此，既是为了保障运算的顺利进行，也是规避样本选择的偶然性因素，针对单个土地利用类型从目视解译获取的训练样本中随机抽选500个样点作为最终的训练样本，其中70%用来作为分类器的训练样本，30%用作解译分类的精度评价。

（二）创建最小云量复合影像

由于单期影像的局限性，在开展研究时，往往会因为单期影像的质量过低而无法进行。由于研究区的特殊气候条件，在研究时间周期内很难获得单期无云或少云的遥感影像。为了解决这一问题，借助 GEE 平台提供的简单复合（SimpleComposite）算法，遍历研究周期内所有符合要求的遥感影像，最终复合成满足研究要求的复合影像。其具体算法是在进行反射率（TOA）标准校准之后，通过计算研究周期内每一景影像的云量得分（SimpleLandsatCloudScore），进行逐像元的遥感影像符合，以此来构建最小云量影像合集。基于此算法的遥感影像合集，是区域遥感影像（至少从云量来说）的最优选，很好地提高了用于遥感解译的基础数据，提升了解译结果的可靠性。

（三）分类器的选择

在 GEE 中，可以使用多个分类器进行监督分类，研究选择决策树分类器 CART 和随机森林作为分类方案。CART 是基于 Modis 和 Landsat 数据分类中最常用的算法之一（Shao and Lunetta，2012）。该分类方法的一个优点是对学习样本中错误分类的鲁棒性，由于每个单元点均以因子 1 加权，因而减少了错误数据对分类器的影响。此外，CART 不仅返回分类结果，而且返回概率测度（Breiman et al.，1984）。这样，与简单的二进制分类相比，可以实现更加差异化的分类。

决策树可以捕获数据中变量之间的复杂交互（Hastie and Tibshirani，2008），这可能用于土地信息改变的识别。单树分类器的一个问题是它们不稳定并且具有很高的方差。数据的微小变化可能导致不同的分割，从而产生完全不同的树。此行为是由分类器的层次结构性质引起的，如果在树的顶部发生了错误的拆分，则后续的拆分会继续错误。而随机森林算法可以克服这些问题（Hastie and Tibshirani，2008）。当使用随机森林时，为了减少方差，对许多分类树进行了平均，从而使该过程更加可靠。随机森林分类器能够评估输入变量的重要性（Hastie and Tibshirani，2008），这是一个很大的优势。

（四）操作流程

基于以上内容，GEE 遥感影像解译与处理的基本步骤如下。

(1) 遥感影像数据的选择。
(2) 训练样本的确定。
(3) 分类器的选择。
(4) 遥感解译结果。
(5) 分类精度评价。

四　分类结果与精度评价

（一）分类结果

本书基于 GEE 平台，通过随机抽选 500×8 组样本数据以 CART 和随机森林算法分类器对研究区 2000—2018 年遥感影像各年份最小云量复合影像合集进行监督分类，以获取最终的土地利用现状图。

（二）精度评价

GEE 中的遥感解译精度评价主要通过消费者精度（User's Accuracy）、生产者精度（Producer's Accuracy）及总体精度（Overall Accuracy）进行评价。具体来说，总体精度是指所有正确分类的土地覆盖类别的检验点数所占总抽取的检核点数的百分比，即在混淆矩阵中对角线的所有数值和除以全部样本的总和。其计算公式为

$$A_{overall} = \frac{N_{correct}}{N_{total}} \tag{5-2}$$

式中：$N_{correct}$ 为正确分类的点数（来自验证集）；N_{total} 为验证集中的总点数。

生产者精度表示在此次分类中，该类别的地面真实参考数据被正确分类的概率。其计算公式为

$$A_{prod} = \frac{N_{correctC}}{N_{total}C} \tag{5-3}$$

式中：$N_{correctC}$ 为类别 C 正确分类的像元数量；N_{totalC} 为总数验证集中 C 类点的数量。

用户（使用者）精度表示在该次分类中，在分类图上，落在该类别上的检验点，被正确分类为该类别的比例。其计算公式为

$$A_{User} = \frac{N_{correctC}}{N_{allC}} \tag{5-4}$$

式中：$N_{correctC}$ 为类别 C 的正确分类的像元数；N_{allC} 为被归类为 C 类的所有点的数量（包含正确数目和错误数目分类点）。

基于以上公式，求得研究区 2000—2018 年的遥感影像解译整体解译精度均大于 80%，基本符合解译影像要求（见表 5-1）。为了了解各个土地利用类型在遥感解译过程中的分类精度情况，我们以解译精度最差的 2013 年为例，计算了使用者精度和生产者精度（见表 5-2）。结果表明水体在解译过程中最容易识别，也最准确，最难分辨的是原始森林和次级森林，解译准确度不到 70%，裸地、建设用地、园地的解译精度基本符合要求，耕地的使用者精度和生产者精度有待提高。

表 5-1　　　2000—2018 年遥感影像解译整体精度

年份	整体精度	年份	整体精度	年份	整体精度
2000	0.9249	2007	0.8431	2014	0.8632
2001	0.8916	2008	0.8663	2015	0.8579
2002	0.8626	2009	0.8430	2016	0.8130
2003	0.9024	2010	0.8343	2017	0.8173
2004	0.8712	2011	0.8234	2018	0.8235
2005	0.8431	2012	0.8124	平均值	0.8521
2006	0.8969	2013	0.8014		

表 5-2　　2013 年遥感影像解译的生产者精度和使用者精度

土地利用类型	生产者精度	使用者精度
水体	0.9658	1.0000
裸地	0.8926	0.8372
建设用地	1.0000	0.8226
原始森林	0.7308	0.6507
次级森林	0.4554	0.6711
橡胶用地	0.9412	0.9106
园地	0.9815	0.9550
耕地	0.7318	0.7647

第二节 基于迁移农业的区域土地利用类型演替分析

迁移农业对地区土地利用变化影响作用明显，本章通过了解区域土地利用类型演替规律，进而分析迁移农业对土地利用类型演替扰动作用。通常而言，土地利用变化与人类活动、环境变化密切相关，其演替过程是层层递进的。通过逐年期、逐像元了解区域土地利用变化，能够对区域土地利用条件、土地利用信息差异等条件进行合理反馈。基于此，本节研究主要以2000—2018年土地利用现状为基础数据，进而从区域土地利用类型结构、土地利用类型累计变化率、土地利用类型稳定区和变化区、土地利用类型变化频率等方面对区域土地利用类型演变进行定性和定量分析。通过更为细致、全面的数据分析，能够更好地识别区域地利用类型演替过程，分析迁移农业对土地利用类型变化的推动作用。

一 土地利用类型结构演替分析

（一）土地利用类型的结构变化

土地利用类型的结构变化特征，是为了了解研究区内土地利用类型变化相互转换的过程和结果，这是当地人类活动所引起的土地利用类型变化的直接结果。

在整个研究期间，林地（包括原始森林和次级森林）占研究面积的50%左右（见图5-1），其次是耕地，约占40%，其余类别（园地、橡胶用地、裸地、建设用地、水域）的比例相对较小，约占10%。与迁移农业相关的原始森林、次级森林、耕地、园地、橡胶用地等用地类型相互转换的过程明显，即使各个年份各土地利用类型结构占比起伏较大，但整体呈波动变化趋势。在研究结果中，2001—2002年和2007—2008年，原始森林的减少量突出，发现这可能与2002年采用的年度复合图像的解释有关，通过目视比较分析发现主要是对于原始森林与次级森林之间的区分有误差，考虑到研究整体数据量较大，单期影像解译结果对最终研究结论没有决定性影响。因此，研究决定仍然使用这种解译结果。

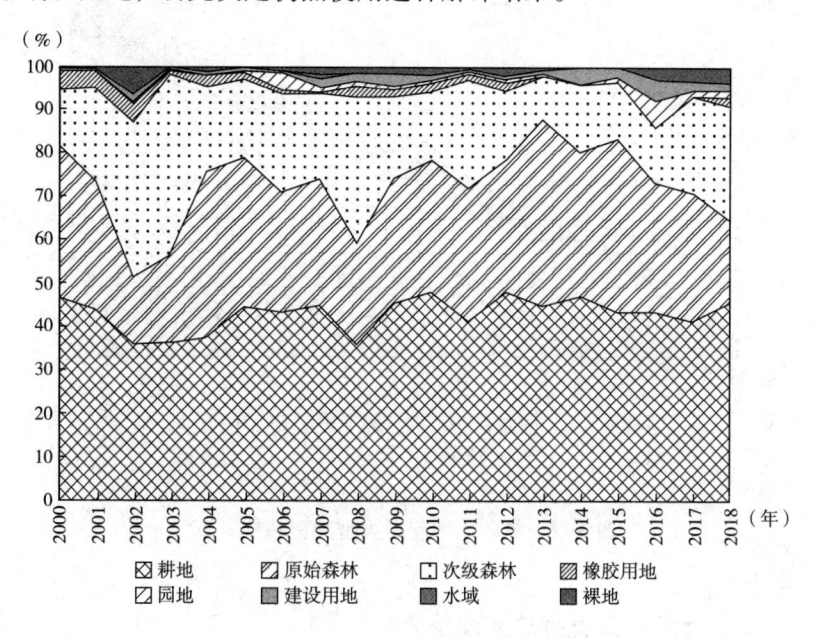

图 5-1　不同土地利用类型结构

（二）土地利用类型的累计变化率

土地利用类型的累计变化率是通过计算每年不同土地利用类型的土地利用变化率，最终求和所得。从计算模型来看，其是反映整个区域土地利用类型变化的整体扰动情况，是对土地利用类型变化强度的直接描述。

土地利用类型累积变化率是通过逐年累加土地利用类型变化率得出的。因此，土地利用区域的累积变化图是进一步说明研究区域土地利用类型变化强度的有效方法（见图5-2）。结果表明，研究区内最活跃的土地利用类型是次级森林，然后是原始森林和耕地。尽管其他土地类型的面积变化很小，但也可以清楚地看到它们的变化，橡胶用地累积变化率要大于园地，而裸地和建设用地的累计变化率也有加速变化的趋势，水域则几乎没有改变。

◇ 基于迁移农业的区域土地利用变化研究

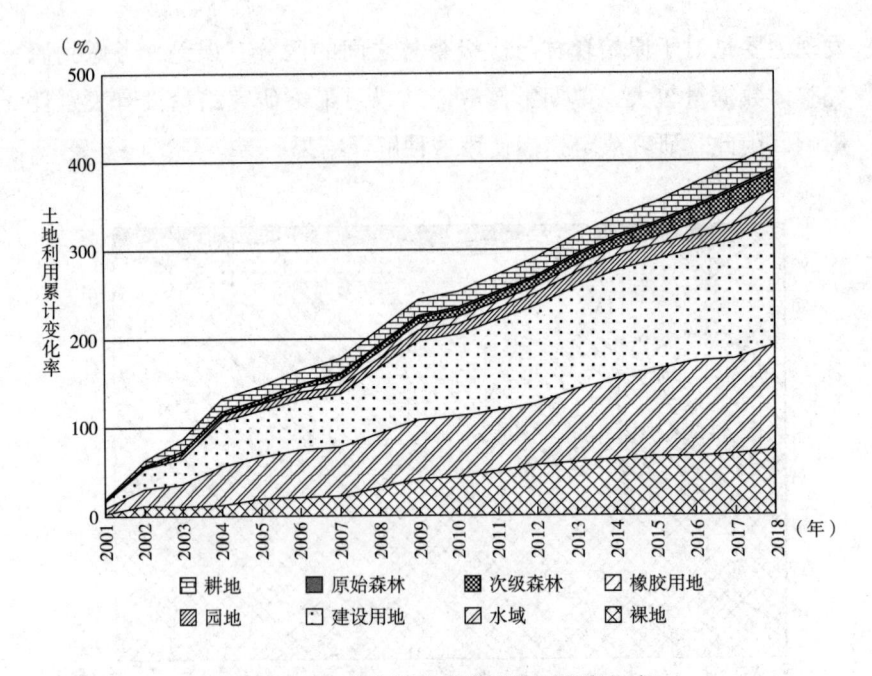

图 5-2 每种土地利用类型的累积变化率

二 土地利用类型单元演替分析

（一）土地利用类型的变化区和稳定区

基于像元的土地利用类型变化区和稳定区的研究主要基于单个像元的土地利用类型在研究周期内是否发生变化而确定，即如果在周期内发生过一次及以上的土地利用类型转变，则识别该区域为土地利用变化区；反之，则为稳定区。通过对土地利用类型的变化区和稳定区的识别，能够大致了解区域土地利用类型变化的空间范围。

在本书研究中，完成了2000—2018年土地利用类型变化区和稳定区的识别。通过最终将研究结果可视化，能够发现随着时间的推移，研究区内土地利用发生了巨大变化。不难看出，土地利用类型演替是个循序渐进的过程，最终土地利用类型变化扰动情况会与预期存在巨大差异。从土地利用类型来看，在整个研究周期内，除了部分水域、林地、建设用地之外，绝大多数土地利用单元都发生过变化。从空间分布图来看，未发生土地利用类型变化的像元基本属于原始森林区域，毗邻建设用地、耕地、橡胶用地等土地利用类型的像元，几乎都发生了变化。这进一步说明了迁移农业对土地利用类型变化的刺激作用，能够在很大程度上加大土地利用类型变化强度。从空间分布特征也能看出，人类活动对土地扰动的影响强度会随着距离的增加而逐步减弱，当然这种递减变化是随着距离人类活动区域的远近而逐步发生的，这与土地利用类型变化受人类活动半径影响的研究结果相符。当然，由于此部分土地利用类型变化区和稳定区是由土地利用类型变化单次变化频率确定的，研究结果难免受到遥感数据解译结果精度的影响，但遥感精度的影响并不会改变研究结果的整体趋势。

（二）土地利用单元的变化率

为了进一步了解土地利用类型的变化区和稳定区概况，研究统计了基于像元的土地利用类型变化区和稳定区的像元数量，并计算其整体变化趋势。

研究表明，截至2018年，整个研究区土地利用像元未发生过土地利用类型变化的单元仅余9%，绝大多数土地利用单元均发生过土地利用类型变化。尤其是在前、中期，土地利用类型变化趋势明显，在研究周期的前5年内，该地区有将近50%的土地利用单元发生过土地利用类型变化。而随着时间推移，土地利用类型变化单元数量逐渐减少，这主要是由于土地利用类型变化区的剔除，余下的更多是土地利用类型变化相对稳定的单元。换而言之，土地利用类型变化区往往容易发生土地利用变化，土地利用类型稳定区对土地利用变化存在一定的抵抗力。

同时，自研究周期伊始的2000年起，研究区域绝大多数易发生变化的土地利用单元会发生在7—9年内，随后逐渐由越来越多更为稳定的土地利用占据主导，变化率会迅速降低（见图5-3）。因此，我们可以得出结论，人类活动对区域土地利用影响强度存在一定阈值，当达到一定阈值时，土地利用类型变化影响会逐步减弱。

◇ 基于迁移农业的区域土地利用变化研究

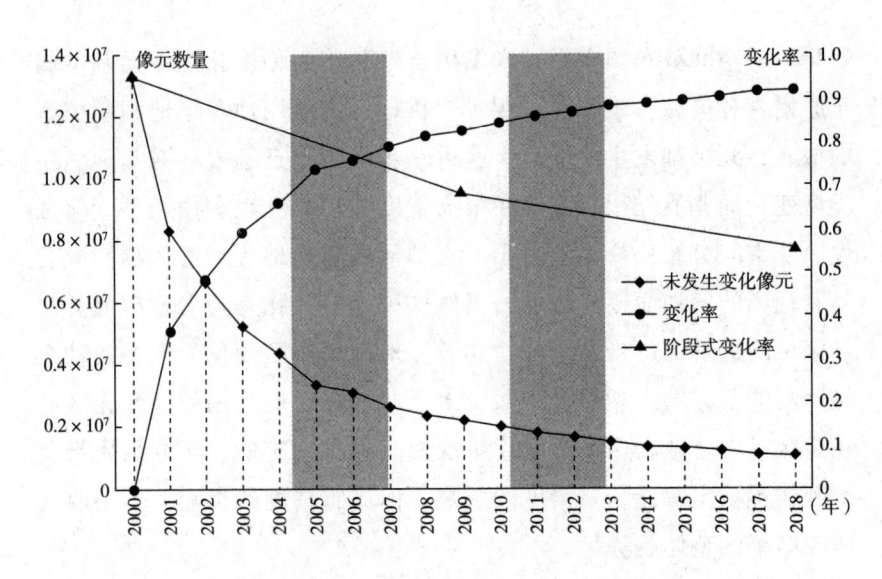

图 5-3　2000—2018 年土地利用类型变化数量

此外，本书对土地利用变化研究常用的时间断点法也做了尝试，即分析计算研究区 2000—2009 年和 2010—2018 年的这种阶段式土地利用变化率。可以看到，最终土地利用整体变化率与逐年的土地利用变化率存在较大差异，其对于土地利用变化强度趋势则几乎没有反馈。

三　土地利用类型变化频率分析

（一）土地利用类型变化频率统计方法

土地利用类型变化频率的统计，主要基于单个像元土地利用类型变化频次进行。如果土地利用像元在相邻两个时间段内土地利用类型不同，则视为土地利用发生过一次变化，依次逐步累积，最终汇总整个研究期内每个土地利用单元土地利用类型变化的频率。图 5-4 说明了土地利用类型变化频率的统计方式。

（二）土地利用类型变化频率分布图

基于像元的土地利用类型变化率的监测和统计，是揭示区域土地利用类型变化强度，展示土地利用类型变化方式的有效方式。本书研究中，通过计算各个像元的土地利用类型变化频次，以此来评

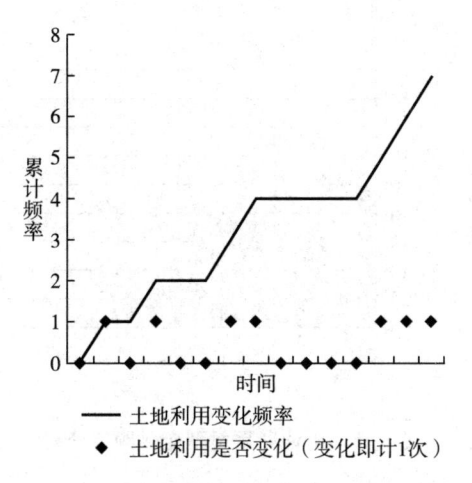

第五章
基于迁移农业的区域土地利用类型演替研究

图 5-4　土地利用类型累积变化频次

估土地的动荡性。研究区土地利用频次存在着明显的规律性特征（见图5-5），在研究周期的变化频率达到7次之前（19年内土地使用变化7次，换言之，土地利用类型会在2.714年内发生变化），频率为偶数（2、4、6）和奇数（1、3、5、7）的像元数量呈现出各自不同的趋势特征，频次为偶数的土地像元数量逐年递减，而频次为奇数的土地利用像元数量逐年递增。当更改频率达到8次及以上时，这种情况消失。这意味着土地利用在该地区具有周期性特征。在相同变更周期中的土地单元会持续保持同步变化，即当同一周期的土地变化开始或结束时，同时会有大量的土地利用变化，这将导致具有某一个频率的土地利用像元的数量同时增加或减少。而随着时间的流逝，土地利用类型变化的频率越来越大，同一频率的土地利用类型变化将逐渐多样化，这种异常情况将逐渐消失。

为了进一步了解研究区土地利用类型变化水平，研究基于每个像元土地利用类型变化频次加权求得整个研究区土地利用类型变化频次为4.51次。这一结果与一般土地利用区域存在较大差异，考虑到研究区内广泛存在的迁移农业，可能在很大程度上刺激了土地利用类型变化。

◆ 基于迁移农业的区域土地利用变化研究

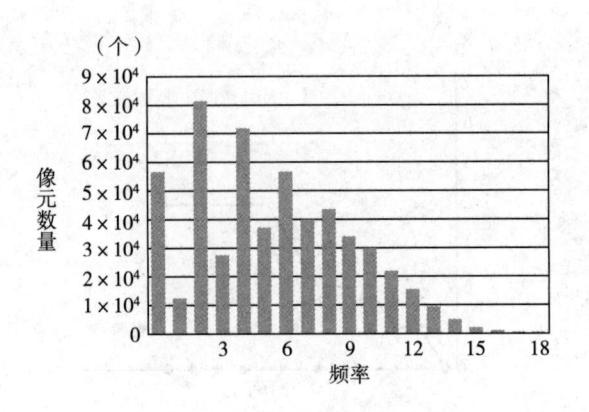

图 5-5 土地利用类型变化频率分布

(三) 土地利用类型变化频率空间分布

土地利用类型变化频率空间分布图的获取是基于 ArcGIS 实现，通过对空间分布频率的空间展示，主要用于描述土地利用类型变化频率的空间关联特征。研究区内，土地利用类型变化频率空间差异性明显，以东南角、西南角两个平原地区变化最为突出，这也是受人类活动扰动最明显的区域。中部、西部、北部地区也存在一定高频次变化的土地利用单位，这些土地单元多分布于人类活动影响半径之内。结合当地地理条件，从整个图中可以看出研究区的土地利用类型变化频次与区域海拔高低存在一定关联。海拔越高，人类活动越弱，土地利用类型变化频次越低，这与实际情况相符。

(四) 土地利用类型变化聚集效应

上述研究表明，基于像元研究的区域土地利用类型变化频率具有明显的空间差异。为了进一步阐明这种差异分布的规律性和趋势，我们使用 Moran I 指数来衡量土地利用类型变化的整体空间自相关。计算结果表明，在 5% 显著水平下，Moran I 值为 0.201，表明研究区域土地利用类型变化的频率不是相互独立的，而是在空间上存在一定程度的正相关。即土地利用类型变化频率高的土地利用单元与土地利用类型变化频率高的土地利用单元相邻，而土地利用类型变化频率低的土地利用单元则与土地利用频率低的土地利用单元相邻。其主要原因还在于土地利用类型变化的频率很高，自然伴随着更多的人类活动干预，而相应的人类活动将不可避免地导致相邻单位土地利用方式的变化。而土地利用类型变化频次低的土地利用单位则是位于人类活动难以抵达的区域，受人类活动干扰较小。

第三节　小结

本章以解译2000—2018年遥感影像图获取的土地利用现状图为基础，从土地利用结构变化、土地利用类型变化频次、土地利用类型变化集聚效应等多个方面分析了区域土地利用的特征和规律，借助GIS等软件实现对研究结果空间展示，分析了研究区2000—2018年迁移农业对土地利用类型演替扰动的影响。

一　土地利用类型变化的趋势性特征

毫无疑问，人类活动在土地使用中起着主导作用，例如，农业和城市住所，在整个人类历史中，一直受人类主导作用而不停地发生变化。研究土地利用类型变化强度对保护土地和合理利用土地具有重要意义。基于像元的土地利用类型变化研究说明了区域土地利用类型变化的强度概况。基于土地利用类型的土地变化研究证明，研究区内的土地利用类型变化广泛存在于森林和人类用地之间的相互转换中，尤其是森林和耕地、园地、橡胶用地之间的转换关系密切，这与研究地区的迁移农业密切相关。考虑到森林与人类生产活动用地之间相互转换，与区域生态条件和粮食安全之间的明确关系，它值得研究人员和地方政府关注。

土地利用类型变化的累计变化率说明了不同土地利用类型在整个研究周期内的土地利用类型变化强度。结果表明土地利用累积变化比例最大的是森林，其次是耕地，园地累积变化速率也有递增的趋势，都是与迁移农业密切相关的土地利用类型。随着时间的推移，建设用地或居民点的累积变化速率不会明显增加。这是因为研究区不包含特大城市，而研究区城市化发展的总体趋势是人口逐渐增长且特大城市正在聚集，因此对研究区内的建设用地面积并不会有正面影响。研究区裸地面积的累积变化面积与区域土地利用方式和生产条件有关，迁移农业、据点迁移等都会使土地裸露。水域的波动相对较小，这直接与年降水量差异等因素有关。特别地，在整个研究期间，未发生土地利用类型变化的土地利用单元整体面积在逐渐减小，并且随着时间的推移，下降速度越来越慢。

二 土地利用类型变化的集聚效应

由于迁移农业行为的存在，可以看到大多数土地利用类型变化高发区，要么毗邻人类居民点，要么靠近迁移农业区，土地利用类型演替聚集效应明显。于区域土地利用类型演替过程而言，迁移农业的推动作用是毋庸置疑的。

于土地利用类型变化自身而言，其空间分布特征存在明显的集聚关系。土地利用类型变化频率高的土地利用单元往往与土地利用类型变化频率高的土地利用单元相邻，而土地利用类型变化频率低的土地利用单元则与土地利用类型变化频率低的土地利用单元相邻。其主要原因是土地利用类型变化的频率很高，自然伴随着更多的人类活动干预，而相应的人类活动将不可避免地导致相邻单位土地利用方式的变化。而土地利用类型变化频次低的土地利用单位则是位于人类活动难以抵达的区域，受人类活动干扰较小，对土地利用类型变化频率的研究很好地解释了研究区域土地利用类型变化的这一过程。同时，土地利用类型变化的变化率会在7—9年后逐步衰减，可以认为，这个时间节点是人类活动影响的时间拐点，即人类活动对周围土地扰动在7—9年内达到极值，然后逐渐减弱。研究区域中存在的另一个有趣的现象是，初期土地利用类型变化的奇数频率与偶数频率在早期存在截然相反的走势。当土地利用类型变化频率达到一定阈值之后，这种情况才会消失。这可以很好地解释局部土地利用类型变化受迁移农业影响而呈现的周期性特征。在相同变更周期中的土地单元会持续保持同步变化,即当同一周期的土地变化开始或结束时,同时会有大量的土地利用类型变化,而随着时间的流逝,土地利用类型变化的频率会越来越大,同一频率的土地利用类型变化将逐渐多样化,这种异常情况将逐渐消失。

第六章 基于迁移农业的区域景观格局重组研究

目前，土地利用变化作为全球生态环境变化的重要组成部分和核心要素之一，已经逐渐被大众获知和认可，针对土地利用变化开展的研究亦愈演愈烈。研究区由于迁移农业行为的存在，其对景观格局重组扰动明显，已逐步成为国内外土地利用变化研究的热点区域。研究表明中国、越南、老挝、泰国、缅甸交界区迁移农业频繁发生，包括向永久性农田开发、向新地区迁移等，促使该地区发生着严重的森林砍伐现象，少部分地区每年的森林砍伐率已经由2%上升到5%。其他类型的土地也发生着土地转型，这表现为从树木、灌木和草的原生物种到经济作物如茶、木薯、橡胶等其他作物的转化，通常伴随着经济作物不断变化的市场价格，这些都刺激着土地利用迅速变化。而随着区域社会经济发展对农业扩张和土地转化的需求越来越迫切，预计土地集约节约改良将发挥越来越大的作用，当地土地景观正在快速发生变化，这在很大程度上降低了土地利用的稳定性，并造成对周边环境的影响。基于此，本章将重点分析迁移农业对景观格局重组扰动，通过对全域景观尺度和土地利用类型尺度的景观破碎度指标、景观形状指标及景观多样性指标三个层级的景观格局量化计算，以不同国家为分析目标，探索由迁移农业区对景观格局变化的扰动影响。

第六章 基于迁移农业的区域景观格局重组研究

第一节 研究的具体思路

景观格局变化是对生态系统和功能变化的直接反馈，是研究区域土地利用可持续发展的有效研究方法。为了厘清当前迁移农业地区区域生态环境现状的影响，亟须研究研究区景观格局变化的特征和规律，并以此来揭示迁移农业影响下的生态环境变化。研究结果对于了解区域景观格局和地理资源条件本底，进而服务土地利用具有重要指导意义。

基于以上内容，本章的研究思路是基于既有遥感影像解译所得研究区 2000—2018 年的土地利用现状图，通过计算全域景观尺度、土地利用类型尺度的景观破碎度指标、景观形状指标及景观多样性指标三个层级的景观格局指数，以研究区的不同国家为分析对象，探讨由迁移农业带来的景观格局差异性结果。特别地，园地和橡胶用地作为迁移农业发生过程中土地利用类型转移的主要对象，是能直接反映迁移农业对景观格局重组扰动概况的因子，本书研究将具体以土地利用类型为园地和橡胶用地的土地单元为分析载体，量化计算其景观格局变化历程，探索迁移农业对这两种土地利用类型景观格局的直接作用（见图 6-1）。

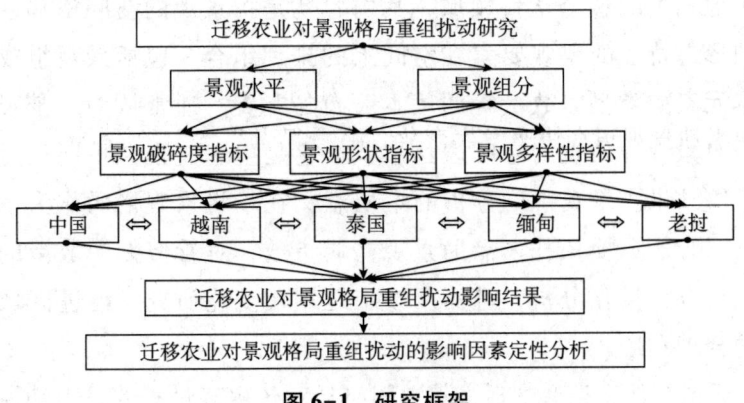

图 6-1 研究框架

第二节 景观格局的概念与特征

探讨迁移农业对景观格局重组扰动的影响结果,明确景观格局的基本概念、特征及其量化方法是研究开展的基本前提。

一 景观格局的概念

景观是指由自然、半自然和人工生态系统的部分或全部空间所协同构成的地表综合体,与土地概念相比,其更强调了景观在生态过程(物质迁移、能量传递、物种运动)中起到的承载作用,由于其结构与功能的具体性,景观往往与生态安全、生态功能、生态服务价值、生态安全格局等相互联系。在大自然生存演替的过程中,景观无时无刻不在发生变化,尤其是受到人类活动干扰之后,这种变化会有一定提升。从某种意义上,这与"人不能两次踏入同一条河流"具有异曲同工之妙,人类对于同一景观类型的认知也往往存在于瞬时状态。

在这种大背景下,就需要有一定的条件和办法来对景观进行说明和归类,景观格局便应运而生。景观格局的出现,主要是为了对景观的存在状态有个系统的说明。景观格局本质上是一种生态学概念,针对其研究内容已经从早期的生态学领域,逐步引申到土地相关的各个学科领域,其内容就是指景观的空间格局,即不同形态特征的景观要素在空间上的排列组合,包括景观组成的基本元素如类型、数量等的基本分布与配置。通常认为,景观格局是对景观异质性的空间表达形式,它是生态过程在不同尺度上的反馈结果。景观格局分析的本质意义在于将景观格局作为土地生态系统的重要依托,借助景观格局指数,对看似无序散漫的景观格局进行量化分析,进而反馈土地利用变化研究,促进区域土地的合理利用。

无论是什么类型景观,其空间格局对于生态过程的发生和演替都具有重要作用，而不同景观空间格局对于生态过程所承载的意义则有所不同。目前认可的最优景观格局"集聚间有离析"，强调的是基于土地利用类型的分类集聚，要求在发展区和建成区内保留承担生态过程基石作用的生态斑块，同时沿主要的自然边界地带划定人类活动范围，以保障生态过程的顺利进行。

二 景观格局的特征

景观格局是景观生态系统直接载体的空间表现形式，是描述景观生态安全的一种途径。根据景观生态的定义，它应具有以下两个特征。

（一）动态性

生态演替无时无刻不在发生，其贯穿自然和社会发生的整个过程。对于特定的景观格局状态，其往往有内在意义。通常而言，生态演替过程是循序渐进的，由此引起的景观格局也是在逐步发生，考虑到生态演替过程的复杂性和综合性，要系统研究景观格局变化，就不能忽视景观格局变化的动态性过程。

（二）描述性

景观承载着发生在地球上的各类生态过程，而景观格局就是这种承载作用的直接表现方式。通过对景观格局的量化分析，能够直接对景观所起的承载作用进行描述，利于生态系统信息流通解析。

三 常用景观格局指数

景观格局指数是对景观格局的量化指标。常用的景观格局指数包括景观破碎度、景观分离度、干扰强度和自然度、景观多样性指数、优势度、均匀度、分维数、聚合度指数等。

为了开展迁移农业对景观格局重组扰动研究，本章将从全域景观尺度和土地利用类型尺度两个层面考虑景观格局对迁移农业的响应情况。基于此，本书研究所用的景观格局指标及其生态学意义具体如下。

（一）斑块类型面积（CA）与总面积（TA）

CA 为某一斑块类型中所有斑块面积的和。TA 为所有斑块类型的总面积。CA 度量的是景观的组分，是计算其他指标的基础。它有很重要的生态意义，其值的大小制约着以此类型拼块作为聚居地的物种的丰度、数量、食物链及其次生种的繁殖等。TA 决定了景观的范围，以及研究和分析的最大尺度，也是计算其他指标的基础。

$$CA = \sum_{j=1}^{n} a_{ij} \tag{6-1}$$

$$TA = \sum_{i=1}^{m} \sum_{j=1}^{n} a_{ij} \tag{6-2}$$

式中：a_{ij} 为某一斑块面积。

（二）斑块数（NP）

斑块个数在类型尺度上是指某一类型的斑块总个数，在景观尺度上是指景观各类型的斑块总个数。斑块数反映景观的空间格局，经常被用来描述整个景观的异质性，其值的大小与景观的破碎度有很好的正相关性，一般规律是 NP 大，破碎度高；NP 小，破碎度低。

$$NP = n_i \tag{6-3}$$

（三）斑块密度（PD）

斑块密度反映景观类型被斑块分割的程度，其值越大就说明某种类型的分布区域越广。

$$PD = \frac{n_i}{A} \tag{6-4}$$

式中：n_i 为 i 组分景观斑块总数；A 为景观总面积。

（四）最大斑块所占面积比（LPI）

最大斑块所占面积比是指某一斑块类型中最大斑块的面积占整个景观面积的比例。其值的大小决定着景观中的优势种、内部种的丰度等生态特征。其值通过改变干扰强度和频率来反映人为活动的强度。

第六章
基于迁移农业的区域景观格局重组研究

$$LPI = \frac{\max(a_{ij})}{A} \tag{6-5}$$

式中：a_{ij}为某一斑块的面积。

（五）景观形状指数（LSI）

景观形状指数表征组成景观斑块的形状复杂程度，通过计算区域内某斑块形状与相同面积的正方形之间的偏离程度来测量形状复杂程度。其值越接近1说明形状越简单，反之值越大则说明形状越复杂。

$$LSI = \frac{0.25 X_{ij}}{\sqrt{a_{ij}}} \tag{6-6}$$

式中：X_{ij}为斑块周长；a_{ij}为斑块面积。

（六）平均斑块面积（AREA_MN）

平均斑块面积是指景观中所有斑块或某一种斑块的平均面积。其用来描述景观粒度，平均面积越大说明连通性越好，景观破碎度越小。

$$AREA\_MN = \frac{A_i}{N_i} \tag{6-7}$$

式中：A_i为景观中所有斑块或某一种斑块的总面积；N_i为对应面积景观组分斑块数。

（七）面积加权形状指数（ShAPE_AM）

面积加权形状指数用来反映斑块形状的规则性及斑块边缘复杂程度。值越小说明其越规则，复杂程度越小。

$$SHAPE\_AM = \sum_{j=1}^{n} \left[X_{ij} \left(\frac{a_{ij}}{\sum_{j=1}^{n} a_{ij}} \right) \right] \tag{6-8}$$

式中：X_{ij}为斑块周长；a_{ij}为斑块面积。

（八）面积加权分形维数（FRAC_AM 或 AWMPFD）

面积加权分形维数反映景观格局的总体特征和人类活动对景观格局的影响。一般来说，人类活动干扰小的自然景观的分形维数值高，反之，人类活动干扰大的自然景观的分形维数低。该指数将分形维数理论运用到测量景观或景观类型的空间形状复杂程度。

$$FRAC\_AM = \sum_{i=1}^{m}\sum_{j=1}^{n}\left[\frac{2\ln(0.25p_{ij})}{\ln(a_{ij})}\left(\frac{a_{ij}}{A}\right)\right] \quad (6-9)$$

（九）平均邻近指数（MPI，聚散）

在景观尺度上，MPI等于所有斑块的平均邻近指数。MPI用来度量同类型斑块间的邻近程度及景观的破碎度，MPI小说明同类型斑块间离散程度高或景观破碎度大，反之则说明邻近度高，连接性好。

$$MPI = \frac{\sum_{i=1}^{m}\sum_{j=1}^{n}\left[\frac{a_{ij}}{h_{ij}^2}\right]}{N} \quad (6-10)$$

式中：h_{ij} 为景观中单个斑块与其最近邻体距离。

（十）散布与并列指数（IJI）

IJI取值小时表明拼块类型 i 仅与少数几种其他类型相邻接；IJI=100表明各拼块间比邻的边长是均等的，即各拼块间的比邻概率是均等的。IJI是描述景观空间格局最重要的指标之一。IJI对那些受到某种自然条件严重制约的生态系统的分布特征反映显著，如山区的各种生态系统严重受到垂直地带性的作用，其分布多呈环状，IJI值一般较小；而干旱区中的许多过渡植被类型受制于水的分布多寡，彼此邻近，IJI值一般较高。

$$IJI = -\sum_{k=1}^{m}\sum_{k=1}^{m}\left[\left(\frac{E_{ik}}{E}\right)\ln\left(\frac{E_{ik}}{E}\right)\right] \quad (6-11)$$

式中：E_{ik} 为斑块组分 i 与斑块组分 k 之间的总边缘长度；E 为景观中不同斑块组分间总的边缘长度；m 为景观中斑块组分的数目。

（十一）凝聚度指数（COHESION）

凝聚度指数用来表征景观的凝聚程度，即连通性。斑块类型分布变得聚集则其值增加，其值趋于0说明关键类型占景观比减少且被分割成不连接的斑块。

$$COHESION = \left[1 - \frac{\sum_{j=1}^{n} p_{ij}}{\sum_{j=1}^{n} p_{ij}\sqrt{a_{ij}}}\right]\left[1 - \frac{1}{\sqrt{A}}\right]^{-1} \quad (6\text{-}12)$$

式中：p_{ij} 为斑块 i 和斑块 j 的共接边长。

（十二）分离度（SPLIT）

某一景观类型中不同斑块数个体分布的分离程度，也称破碎化指数，主要衡量斑块的破碎程度，直接反映了某一斑块类型或景观区域的受干扰程度。SPLIT 值越大，表明人类对生态系统的影响越大。

$$SPLIT = \frac{A^2}{\sum_{i=1}^{m}\sum_{j=1}^{n} a_{ij}^2} \quad (6\text{-}13)$$

（十三）聚合度指数（AI）

聚合度指数是用来描述景观中斑块聚集程度的指数，取值范围为 0—100，当景观斑块的破碎化程度趋于最大时，AI 趋于 0；反之，若 AI 趋于 100，说明斑块的聚集程度加强，破碎化程度趋于最弱。

$$AI = \sum_{i=1}^{n}\left[\frac{\theta_{ii}}{\theta_{ii\max}}\right] \times 100 \quad (6\text{-}14)$$

式中：θ_{ij} 为基于 double-count 方法的斑块相似性的邻接数。

（十四）蔓延度指数（CONTAG）

CONTAG 指标描述的是景观里不同拼块类型的团聚程度或延展趋势。由于该指标包含空间信息，是描述景观格局最重要的指数之一。一般来说，高蔓延度值说明景观中的某种优势拼块类型形成了良好的连接性；反之则表明景观是具有多种要素的密集格局，景观的破碎化程度较高。理论上，CONTAG 值较小时表明景观中存在许多小拼块；趋于 100 时表明景观中有连通度极高的优势拼块类型存在。

$$CONTAG = \frac{\sum_{i=1}^{m}\sum_{i=1}^{m}\left[p_i \frac{g_{ik}}{\sum_{k=1}^{m}g_{ik}} \ln\left(p_i \frac{g_{ik}}{\sum_{k=1}^{m}g_{ik}}\right)\right]}{2\ln(m)} \times 100 \quad (6-15)$$

式中：p_i 为景观组分 i 在景观中的面积百分比；g_{ik} 为斑块组分 i 与斑块组分 k 之间所有邻接的栅格数目（包括景观组分 i 中所有邻接的栅格数目）；m 为景观中所有组分的数目。

（十五）香农多样性指数（SHDI）

该指标反映景观异质性，强调稀有拼块类型对信息的贡献。SHDI 也可以用来比较和分析不同景观或同一景观不同时期的多样性与异质性变化。如在一个景观系统中，土地利用越丰富，破碎化程度越高，其不定性的信息含量也越大，计算出的 SHDI 值也就越高。

$$SHDI = -\sum_{i=1}^{m} AP_i \ln AP_i \quad (6-16)$$

（十六）香农均匀度指数（SHEI）

该指标用来比较不同景观或同一景观不同时期的多样性变化，SHEI=0 表明景观仅由一种拼块组成，无多样性；SHEI=1 则说明类型均匀分布，有最大多样性。

$$SHEI = \frac{-\sum_{i=1}^{n} p_i \ln(p_i)}{\ln(n)} \quad (6-17)$$

第三节 基于迁移农业的景观格局重组分析

一 景观破碎度指标

景观破碎度指数是景观空间斑块分布特征和完整性程度的综合反映，是景观格局指数的主要组成成分，承担着景观承载和连通的

第六章 基于迁移农业的区域景观格局重组研究

核心功能。结合各指数的计算模型,本书研究计算的景观破碎度指数主要包括斑块数、斑块密度、最大斑块所占面积比、平均斑块面积、平均邻近指数、散布与并列指数、凝聚度指数、分离度、蔓延度指数和聚合度指数。

(一) 全域景观破碎度指标计算

全域景观破碎度指标主要是从景观自身探讨景观的破碎化程度,所有指数基于相应计算模型计算所得,最终结果清晰地说明了研究区景观破碎化程度会随着时间的推移而逐步加重(见图6-2)。2000—2018年,斑块数、斑块密度、分离度均有明显上升,而最大斑块所占面积比、蔓延度指数、聚合度指数等指数明显下降,这些都相互印证着研究区内日益加重的景观破碎化状态。研究区内各个国家和地区在景观破碎度指数上表现略有不同,但整体趋势较为一致。

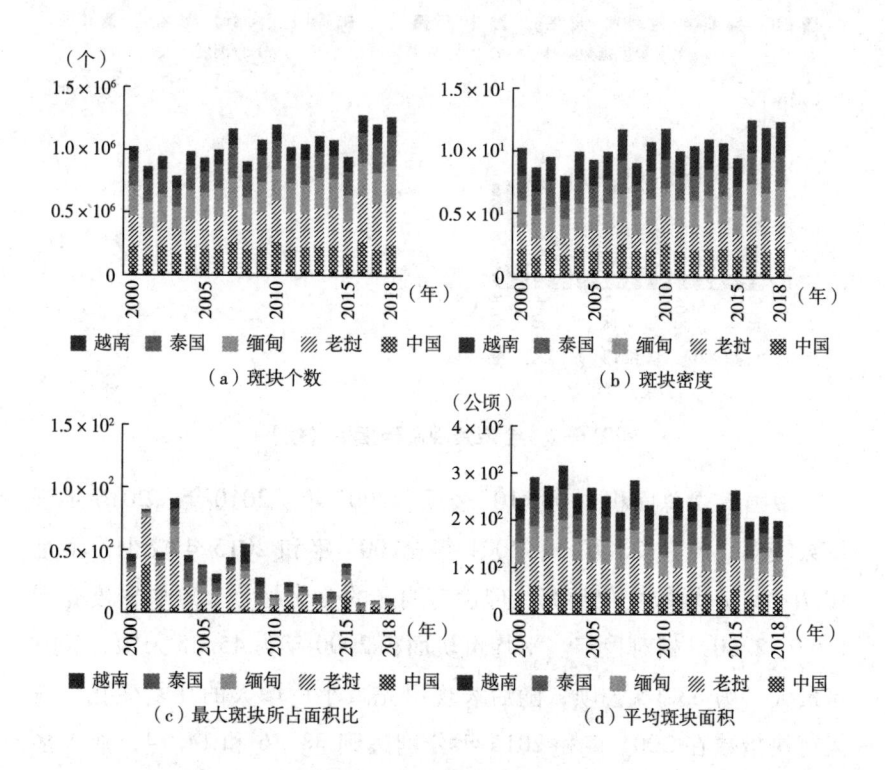

图6-2 全域景观破碎指标

◆ 基于迁移农业的区域土地利用变化研究

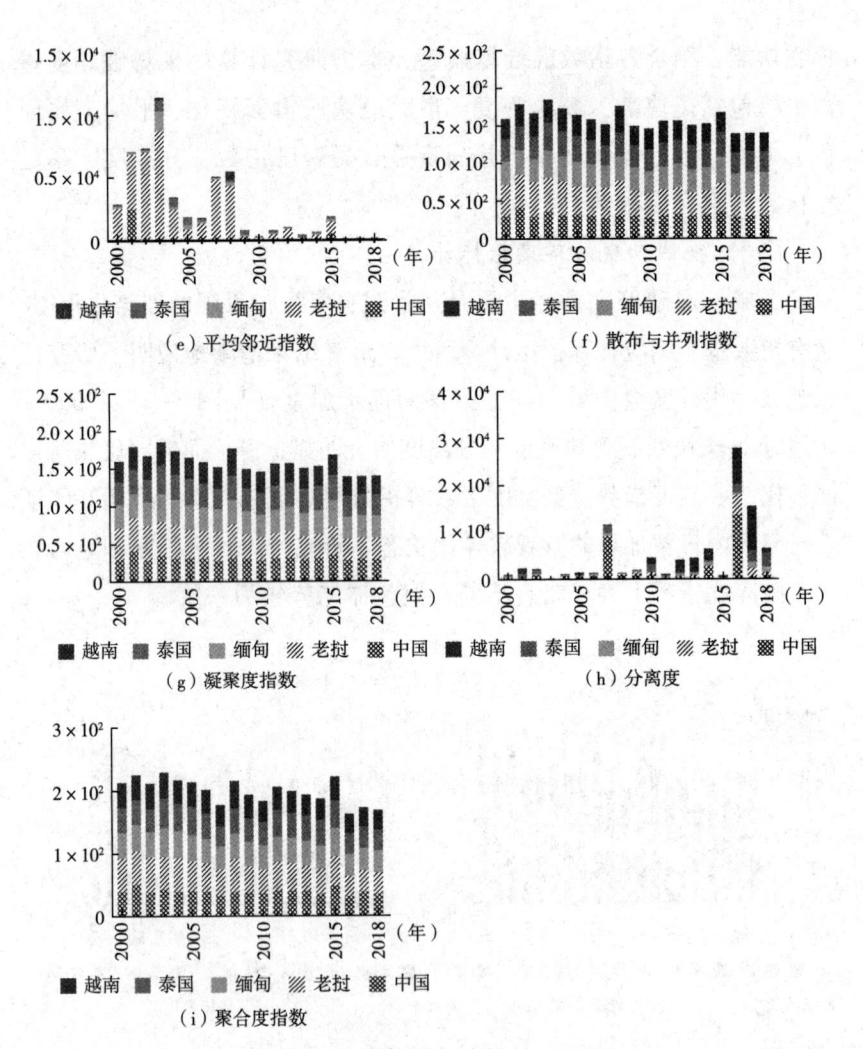

(e) 平均邻近指数

(f) 散布与并列指数

(g) 凝聚度指数

(h) 分离度

(i) 聚合度指数

图 6-2　全域景观破碎指标（续）

中国景观总面积 $1.03×10^7$ 公顷。2007 年、2010 年、2016 年斑块数较多，超过 26 万个；2001 年、2003 年和 2015 年较少，不足 18 万个，斑块数变化频繁，但没有明显的变化趋势。斑块密度介于 1.57—2.60，相对稳定。平均斑块面积 2000 年为 45.35 公顷，2001 年最大，为 63.65 公顷，随后表现出先减小后增大的往复变化。最大斑块指数在 2001 年和 2015 年分别达到 38.36 和 14.14，而大多数年份在 3 以下，变化较大。蔓延度指数总体相对稳定，变化范围

— 80 —

介于27.39—41.13。凝聚度指数最好的是2001年，为99.36，2016年最低也达77.18，尽管变化频繁，但没有明显趋势。分离度指数变化剧烈，2007年和2016年分离度分别为9286.30和13781.36，而2001年最小仅有6.78，尽管如此，变化趋势仍不显著。聚合度指数2000年为39.24，2001年最大为50.74，之后频繁波动，总体趋势略有减小。

老挝景观总面积为$1.46×10^7$公顷。斑块数明显增加，2000年只有240937个，尽管之后有增有减，但到2018年时达到368394个，增幅超过50%。同样，斑块密度也从初期的1.64增加到2018年的2.51。平均斑块面积总体减小，2018年最小，为39.80。最大斑块指数先增加到2003年的42.32，随后总体减小，到2018年时只有2.90。而基于聚散的邻近指数先在2003年时增加到最大，然后开始减小，虽在2007—2008年又增大，但总体上呈减小趋势。蔓延度指数前期较大，之后逐渐降低，在2016年后相对稳定。前期凝聚度较好，凝聚度指数在98以上，2009年之后有所减小。分离度总体上先增大，2016年时最大为4168.06，随后逐渐减小。聚合度指数变小，2002年时为55.48，截止到2018年时减至33.96。

2000—2018年缅甸的景观总面积为$1.12×10^7$公顷。斑块数和斑块密度在2015年之前没有显著趋势，在2016年之后有所增大，分别为256459个和2.29以上。平均斑块面积最大时为63.36公顷，后期减小趋势不明显。最大斑块指数2003年时达到最大，为22.7，之后有较为明显的减小，在2018年时减至2.52。蔓延度指数的变化范围不大，也没有显著趋势。总体而言前期的凝聚度较高，后期较低，有明显的减小趋势。分离度有显著的增大趋势，从初期的239.70增大到2018年时的1127.52，增幅较大。总体上2005年前的聚合度较高，之后则相对减小，有较为明显的减小趋势。

研究期内泰国的景观总面积$9.84×10^6$公顷。斑块数和斑块密度都在2007年增加到最大，然后减小到2011年，之后再增大到2018年。平均斑块面积总体上也是先增加后减小，在2003年达到最大值。最大斑块指数在 2004 年达到最大值，之后表现出总体减小的趋势。基于聚散的邻近指数先增大到 2003 年的 871.90，之后总体上有减小趋势。蔓延度指数和凝聚度指数变化较小，总体呈减小趋势。分离度变化范围很大，最小时只有 34.23，截止到 2018 年时增大到 3027.63。聚合度指数最大时为 47.52，之后相对减小，总体也表现为减小的趋势。

2000—2018 年，景观尺度上越南的总面积为 $5.32×10^6$ 公顷。斑块数和斑块密度增加趋势明显，均在最后 3 年达到峰值。与之相反，平均斑块面积则有显著的减小趋势，2001 年为 51.22 公顷，截止到 2018 年时为 37.63 公顷。最大斑块指数从 2000 年的 6.38 增大到 2008 年的 16.10，随后逐渐减小，截止到 2018 年时只有 2.99。蔓延度指数和凝聚度指数都是先增加后减小，但总体上也表现为减小的趋势。景观分割指数和分离度均在 2008 年时最小，但前者变化很小，后者变幅很大，从初期增长到 2017 年的 9540.91，随后 2018 年减至 1003.36。尽管 2008 年值最大，但聚合度指数有明显的减小趋势。

（二）基于迁移农业的景观破碎度指标计算

基于迁移农业的景观破碎度指标计算研究主要是依托研究区内迁移农业发生过程中土地利用类型转移的主要对象——园地和橡胶用地——为分析载体，通过衡量土地利用类型，为园地和橡胶用地的土地单元在研究周期内的景观格局变化规律，探讨说明迁移农业对区域景观格局重组扰动状态。

1. 基于迁移农业的园地景观破碎度指标计算

相较于全域景观破碎度指标计算结果，基于迁移农业的园地景观破碎指标计算所表征的土地斑块破碎程度有所改善，但整体趋势依然是随着时间的增加而逐步加重（见图 6-3）。一方面是由于人类活动对土地利用的扰动程度增加，整体斑块破碎度水平上升；另一方面是由迁移农业推动的土地利用集约节约利用，也促使园地的景观破碎指标有所改善。园地景观破碎度指标在不同国家表现上所呈现的数值和特征也有所不同。

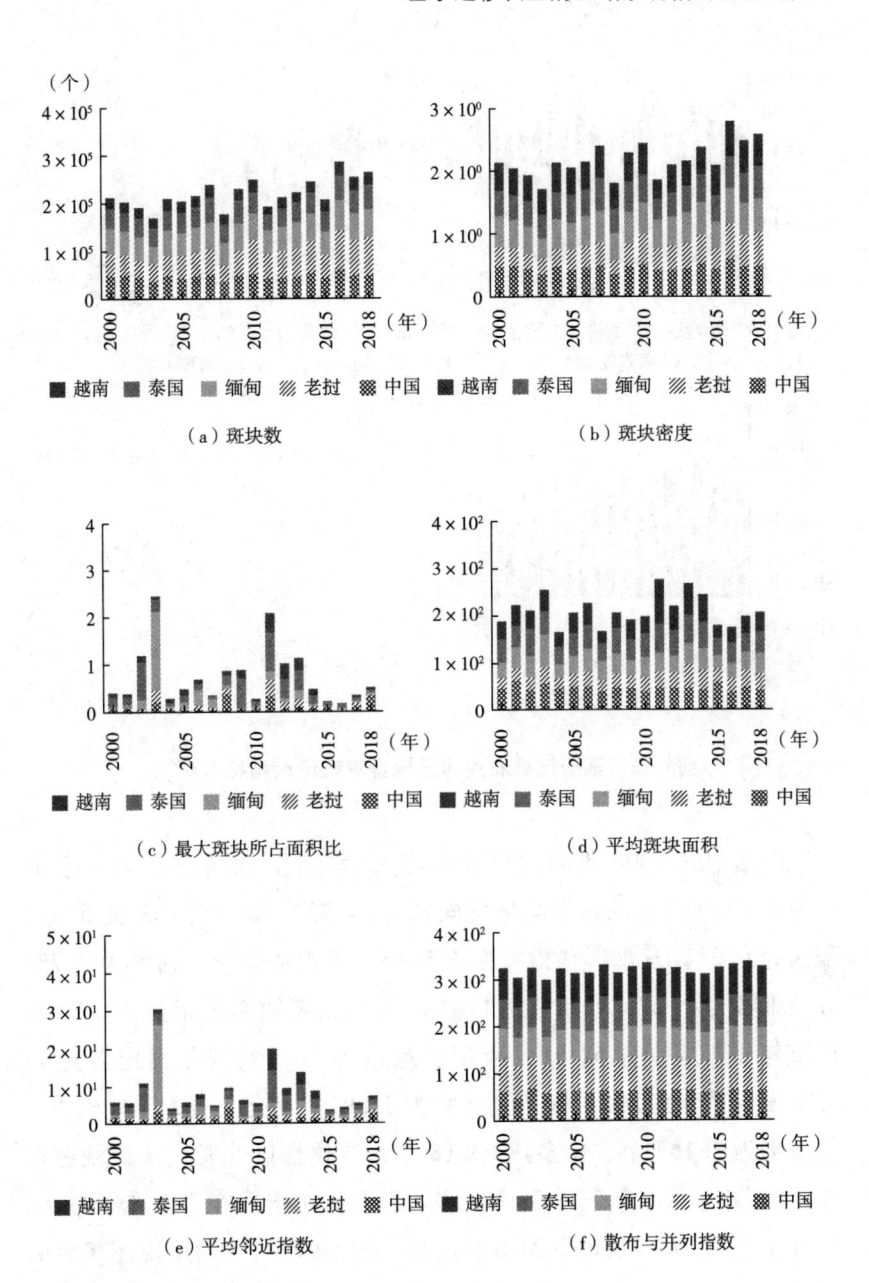

图 6-3 基于迁移农业的园地景观破碎度指标

◇ 基于迁移农业的区域土地利用变化研究

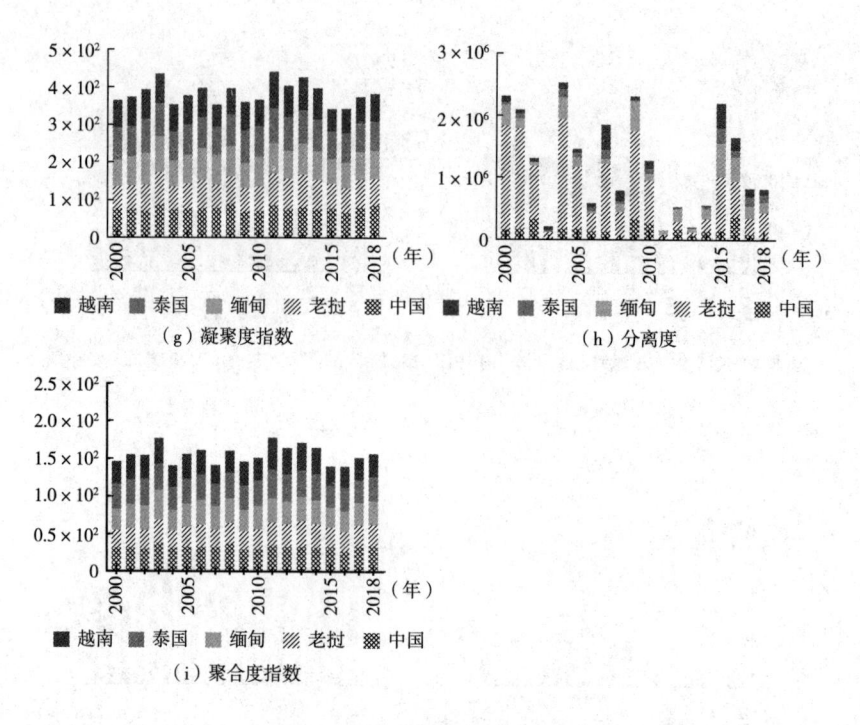

(g) 凝聚度指数

(h) 分离度

(i) 聚合度指数

图 6-3 基于迁移农业的园地景观破碎度指标（续）

中国地区 2000 年园地斑块数为 49155 个，密度为 0.48。总面积为 2.18×10^6 公顷，平均斑块面积为 44.43 公顷。最大斑块所占面积比为 0.05，景观形状指数为 335.46，面积加权形状指数为 2.73。分形维数为 1.11，形状邻近指数为 0.14，聚散邻近指数为 12.54。散布与并列指数为 62.16，凝聚度指数为 76，景观分割指数为 1，分离度为 159774.12，聚合度指数为 31.91。综合来看，园地斑块个数最少为 36167 个，最多达 60618 个，变化幅度非常大。斑块密度变化范围较小，介于 0.35—0.59。最大斑块指数在少数年份较大，超过 0.3，在大多数年份均小于 0.1，变化较小。平均斑块面积 2016 年最小为 31.59 公顷，2008 年最大为 71.23 公顷，多数年份维持在 40—50 公顷。聚散度的邻近指数变化显著，最小为 2016 年的 7.33，2008 年最大达 45.22。散布与并列指数每年都有不同的变化，绝大多数年份里维持在 60—70。聚集度最好的年份是 2008 年，最差的

第六章 基于迁移农业的区域景观格局重组研究

是2016年；相反，2008年的分离度最小，2016年分离度最大。聚合度指数没有明显区别，除个别年份外，其余在30—39变化。

老挝地区2000年园地斑块数为44783个，斑块密度为0.31。总面积为$1.04×10^6$公顷，平均斑块面积为23.15公顷。最大斑块所占面积比为0.02，景观形状指数为260.15，面积加权形状指数为1.81。分形维数1.07，形状邻近指数为0.09，聚散邻近指数为3.81。散布与并列指数为68.1，凝聚度指数为59.62，景观分割指数为1，分离度为1677908.18，聚合度指数为23.38。不同年份园地斑块总面积有总体增加的趋势，斑块数和斑块密度整体上也有所增加，分别从2002年的35323个和0.24增加到2016年的80827个和0.55。最大斑块指数在2003和2011年最大，分别为0.25和0.34，但没有明显的变化趋势。景观形状指数有所增加，2018年达到383.83。平均斑块面积在2013年达到最大值，为50.74公顷，总体上变化平稳，无明显趋势。聚散邻近指数变幅较大，从3.41增大到24.31，但趋势不明显。散布与并列指数变化相对平稳，介于60—70。凝聚度变化范围较大，但没有显著趋势。分离度变幅很大，2013年最小为56086.99，2004年最大为1772058.36，总体呈减小趋势。

缅甸地区2000年园地总面积为$1.75×10^6$公顷，平均斑块面积为32.30公顷。斑块数为54432个，斑块密度为0.49。最大斑块所占面积比为0.05，景观形状指数为319.45，面积加权形状指数为2.29。分形维数为1.09，形状邻近指数为0.12，聚散邻近指数为7.79。散步与并列指数为65.21，凝聚度指数为69.74，景观分割指数为1，分离度为334548.29，聚合度指数为27.78。总体上看，斑块数和斑块密度也有增加趋势，分别在2018年达到58917个和0.53。相反，平均斑块面积略呈减小趋势。2003年最大斑块指数高达1.64，其余年份变化较小，均低于0.34。散布与并列指数变化很小，介于58.62—65.55。凝聚度最好的是2003年，凝聚度指数为96.11，最差的是2015年，凝聚度指数为65.34，总体没有明显趋势。分离度变幅很大，2003年最小只有2070.02，2015年最大为

536214.87，整体趋势不明显。聚合度指数在 26.49—39.20 变化，趋势不显著。

泰国地区 2000 年园地斑块总面积为 $1.98×10^6$ 公顷，平均斑块面积为 49.72 公顷。斑块数为 39720 个，密度为 0.40。最大斑块所占面积比为 0.20，景观形状指数为 311.42，面积加权形状指数为 4.59。分形维数为 1.14，形状邻近指数为 0.13，聚散邻近指数为 25.25。散布与并列指数为 62.46，凝聚度指数为 85.94，景观分割指数为 1，分离度为 36671.40。聚合度指数为 33.59。2000—2018 年斑块数和斑块密度略呈增大趋势，而平均斑块面积变化趋势不显著。最大斑块指数变化明显，在 2002 年和 2011 年分别达到 0.79 和 0.82，总体上有所减小。散布与并列指数变化较小，趋势不明显。园地的凝聚度整体较好，凝聚度指数均高于 70，其中在 2011 年达到最大，为 93.75。分离度 2002—2007 年有所增大，而后 7 年内有所减小，在 2015 年达到最大为 249110.97。聚合度的变化趋势不明显，凝聚度指数介于 28.96—38.19。

越南地区 2000 年园地斑块总面积为 $8.94×10^5$ 公顷，平均斑块面积为 37.35 公顷。斑块数为 23939 个，密度为 0.45。最大斑块所占面积比为 0.10，聚散邻近指数为 9.55。散布与并列指数为 66.84，凝聚度指数为 73.72，分离度为 109654.38，聚合度指数为 29.96。斑块数和斑块密度变化频繁，但趋势不显著，最大斑块数和密度发生在 2016 年，分别为 30341 个和 0.57。平均斑块面积 2011 年最大，为 95.83 公顷，2007 年最小，为 25.86 公顷，变化范围很大。2011 年的最大斑块指数高达 0.41，其余时期则非常小，低于 0.34，没有明显趋势。散布与并列指数变化范围不大，介于 60.75—70.95。相对而言凝聚度指数变化较大，最好的是 2011 年，高达 97.78，2007 年最差，仅为 59.20，但总体没有显著趋势。分离度最小的是 2011 年，只有 12356.70，2007 年、2015 年和 2016 年偏大，超过 200000，总体略有上升，但不显著。尽管聚合度指数在 24.91—42.51 变化，幅度较大，但没有明显趋势。

第六章 基于迁移农业的区域景观格局重组研究

2. 基于迁移农业的橡胶用地景观破碎度指标计算

基于迁移农业的橡胶用地景观破碎指标计算所表征的土地斑块破碎程度变化较为平缓（见图6-4）。这主要是由于迁移农业过程中，特别是研究区的迁移农业过程中，橡胶用地是重要的受体单元，由此加强的土地利用集约节约利用度在很大程度上维系了橡胶用地的景观完整程度。橡胶用地景观破碎度指标在不同国家所呈现的数值和特征也不同。

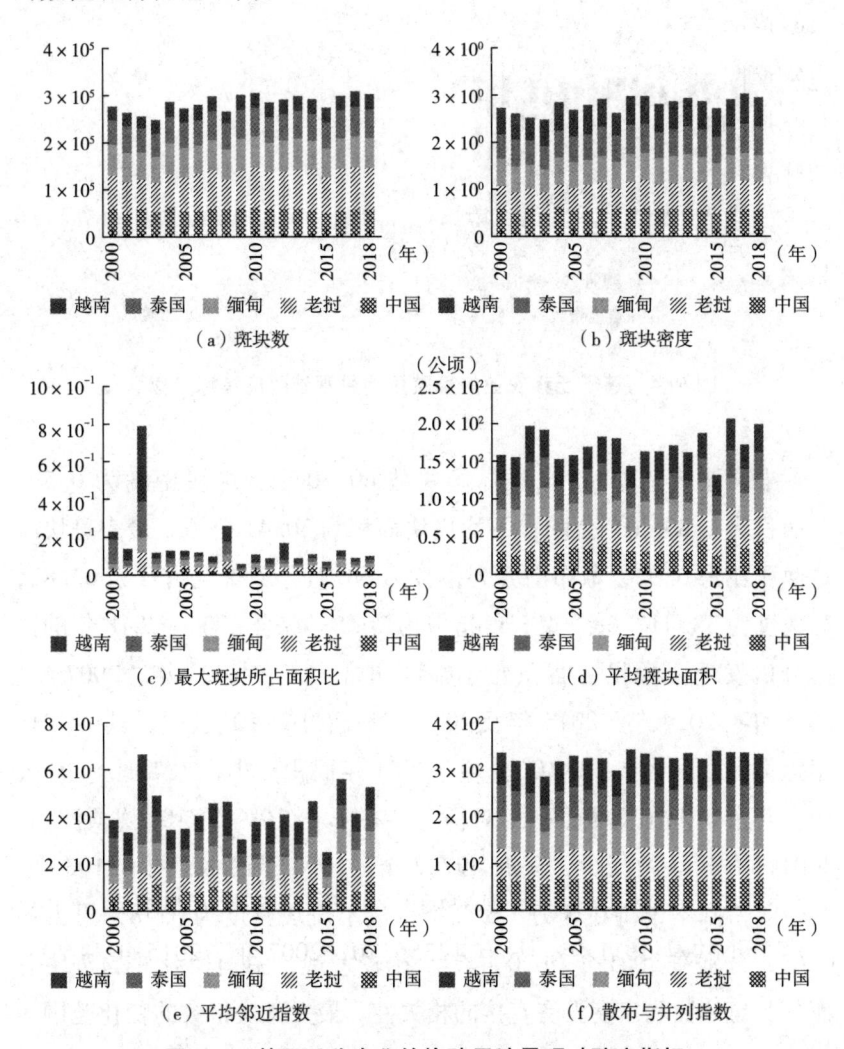

图6-4 基于迁移农业的橡胶用地景观破碎度指标

◇ 基于迁移农业的区域土地利用变化研究

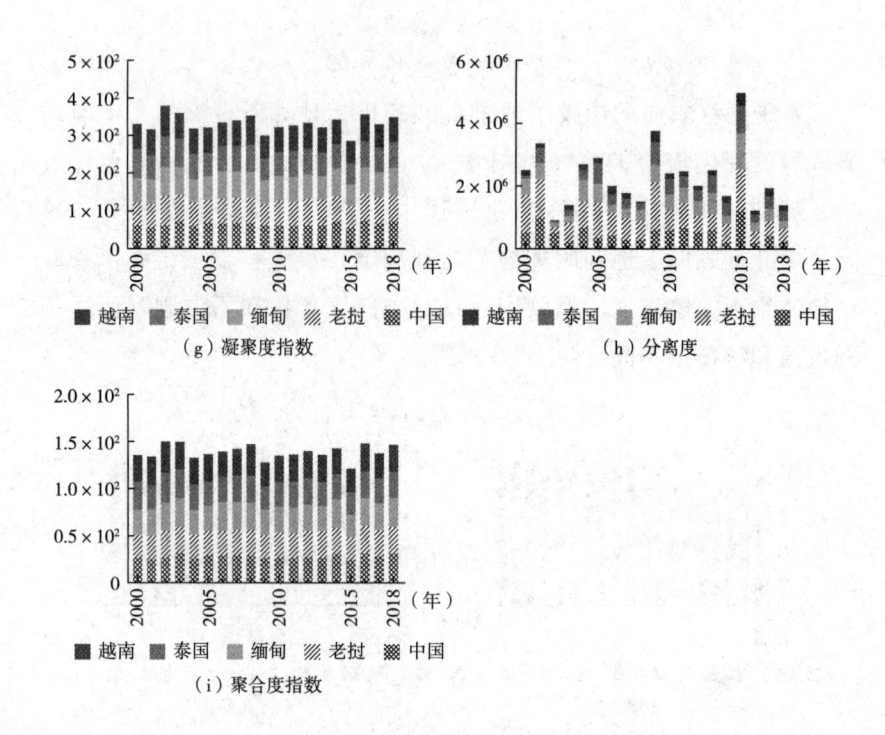

(g) 凝聚度指数

(h) 分离度

(i) 聚合度指数

图 6-4　基于迁移农业的橡胶用地景观破碎度指标（续）

中国地区 2000 年橡胶林斑块数 60150 个，斑块密度为 0.59。总面积为 $1.83×10^6$ 公顷，平均斑块面积为 30.41 公顷。最大斑块所占面积比为 0.02，散布与并列指数为 68.21，凝聚度指数为 62.82，分离度为 533412.68，聚合度指数为 26.5。综合 2000—2018 年的数据分析发现，橡胶林面积变化幅度非常大，在 2003 年、2007 年、2008 年、2014 年、2016 年及 2018 年均超过 $2×10^6$ 公顷，其中 2016 年达最大值，为 $2.68×10^6$ 公顷；2001 年面积最小，为 $1.30×10^6$ 公顷，其余年份橡胶林面积相对稳定，在 $1.7×10^6$—$2×10^6$ 公顷波动。2001 年的斑块数最少，只有 49742 个，2004 年最多，有 63103 个，其余年份基本维持在 5 万—6 万个。最小斑块密度为 0.48，最大为 0.62，分别在 2001 年和 2004 年。比较发现，中国橡胶林的斑块总面积、斑块数和密度没有直接的相关性。最大斑块指数的变化范围为 0.01—0.04，聚散邻近指数为 4.56—13.36，变幅较大。除 2003 年最

— 88 —

小为56.60外，散布与并列指数在62.13—69.10变化。凝聚度指数的变化波动较大，没有明显的趋势。分离度的差异非常大，2015年最大，2016年最小，分别为1185750.51和188784.57。聚合度指数变化相对较大，在24.19—31.30。

老挝2000年橡胶林斑块数70434个，斑块密度为0.48。斑块总面积为$1.84×10^6$公顷，平均斑块面积为26.12公顷。最大斑块所占面积比为0.01，聚散邻近指数为5.01。散布与并列指数为62.76，凝聚度指数为59.73，分离度为1172547.48，聚合度指数为24.57。总体来看，研究时间段内斑块总面积虽有不同程度的波动，但整体上面积有所增加，其中前3年面积在$1.87×10^6$公顷以下，后3年达到$3.19×10^6$公顷。与斑块总面积类似，斑块数和斑块密度总体上也呈上升趋势，在2016—2018年分别增长到87540个和0.60以上。平均斑块面积也有增加趋势，2016年超过40公顷，2018年降到38.59公顷，依然高于其他年份。最大斑块指数没有明显变化，除2002年最大为0.10外，其余时期均低于0.3。散布与并列指数变化相对稳定，保持在60左右。凝聚度也没有明显变化，虽然从2001年的59.70增大到2016年的70.83，但2017年又降到67.75。分离度变幅较大，从初期增大到2009年的1491100.28，随后又降到2016年的最低值354213.85。聚合度指数变化较小，介于23.92—29.10。

缅甸2000年橡胶用地总面积为$1.94×10^6$公顷，平均斑块面积为29.74公顷。斑块数为65467个，斑块密度为0.58。最大斑块所占面积比为0.03，散布与并列指数为68.09，凝聚度指数为63.57，景观分割指数为1，分离度为518358.40，聚合度指数为26.13。斑块总面积随时间有增加趋势，在2018年达到$2.70×10^6$公顷。尽管斑块数和斑块密度变化频繁，但都没有明显趋势。平均斑块面积在2015年最小，为25.80公顷，最大值在2014年，为43.57公顷，变幅较大。最大斑块指数均低于0.08，多数年份在0.03以下。基于聚散的邻近指数在4.75—12.07变化，幅度较大。散布与并列指数和凝聚度指数变化相对较小，都集中在 60—70，没有明显趋势。分离度变化很大，2015 年最大，为 1144853.18，最小在 2002 年，只有 142301.92。聚合度指数没有明显变化趋势，稳定在 25.55—30.38。

泰国地区 2000 年橡胶用地总面积为 1.98×10^6 公顷，平均斑块面积为 38.62 公顷。斑块数为 51242 个，斑块密度为 0.52。最大斑块所占面积比为 0.13，聚散邻近指数为 12.72。散布与并列指数为 66.61，凝聚度指数为 77.81，景观分割指数为 1，分离度为 90164.56，聚合度指数为 30.1。橡胶斑块总面积变化较大，2015 年仅有 1.42×10^6 公顷，2018 年增加到 2.21×10^6 公顷，尽管每年变化很大，但总体上保持稳定。相反，平均斑块面积呈下降趋势，因为斑块数略呈增加趋势，斑块密度也有所增大。最大斑块指数在 2002 年达到最大值 0.19 后显著减小。2003 年散布与并列指数最小，只有 55.32，之后在 61.94—69.02 变化。凝聚度波动明显，但没有显著的变化趋势。分离度在 52367.92—723699.33，变幅很大。景观分割指数没有变化。聚合度变幅也较小，趋势不明显。

越南地区 2000 年橡胶总面积为 1.01×10^6 公顷，平均斑块面积为 33.61 公顷。斑块数为 29968 个，斑块密度为 0.56。最大斑块所占面积比为 0.04，聚散邻近指数为 7.75。散布与并列指数为 68.6，凝聚度指数 67.46，景观分割指数为 1，分离度为 185459.69，聚合度指数为 28.05。橡胶总面积依然呈现波动态势，其中 2009 年和 2015 年的橡胶林面积较小，不足 100 万公顷，而 2016 年最大，为 129.28 万公顷，其余年份主要集中在 110 万—120 万公顷。斑块数和斑块密度变化平稳，没有显著趋势。平均斑块面积在 2002 年、2008 年和 2016 年较大，超过 40 公顷，总体上变化较为平缓。除 2002 年外，最大斑块指数没有显著变化。景观形状指数变化幅度较大，总体上有明显增大趋势，其中 2018 年达到 264.31。面积加权形状指数先增大到 3.67，后减小至 1.72，呈减小趋势。散布与并列指数、凝聚度变化均相对较小，趋势不明显。分离度 2002 年减小到 21649.1，在 2015 年达到最大，为 406049.39，变化较大。聚合度

第六章
基于迁移农业的区域景观格局重组研究

变幅较小，值域较为稳定。

二 景观形状指标

景观形状指标是针对景观格局中景观单位的形状特征，其本质是通过对比区域内某斑块形状与相同面积的正方形或者圆形之间的偏离程度进而衡量斑块形状规整度的。本书研究计算的景观破碎度指数是景观形状指数（LSI）和面积加权形状指数（SHAPE_AM）。景观形状指数表征组成景观斑块的形状复杂程度，通过计算区域内某斑块形状与相同面积的正方形之间的偏离程度来测量形状复杂程度，其值越接近1说明形状越简单，反之，值越大则说明形状越复杂。面积加权形状指数用来反映斑块形状的规则性及斑块边缘复杂程度。值越小说明越规则，复杂程度越小。

（一）全域景观形状指标计算

全域景观形状指标，反映的是研究区内组成景观斑块的景观形状复杂程度。景观形状指数作为其中一个指标，其计算结果表明，2000—2018年，中国、老挝、缅甸、泰国、越南5国的景观形状指数变化差距并不大，中国景观形状指数除2001年和2015年有过较大波动之外，整体相对比较稳定（见图6-5）。缅甸和泰国的景观形状指数与中国变化情况类似。老挝的景观形状指数变化趋势明显，能够清晰地看出其逐渐递增的趋势，说明景观形状有不规则发展的趋势，反映到人类活动上就是对土地利用的无序化开发。越南景观形状指数在整个研究区中处于最低水平，整个状态也相对稳定，说明其土地利用状况良好，结合当地地理条件来看，是因为研究区中越南部分海拔相对更低，土地开发利用更容易。

面积加权形状指数相较于景观形状指数，其更加强调景观斑块的边缘复杂程度，对山区不规则土地、波浪边界的土地会起放大作用。从计算结果来看，2000—2018年各国面积加权形状指数变化趋势大致与景观形状指数有所不同（见图6-6）。比如，中国面积加权形状指数在2001年和2015年出现陡增的异常点，而在景观形状指数计算中却是呈降低的趋势，通过二者之间的计算公式进行推

◇ 基于迁移农业的区域土地利用变化研究

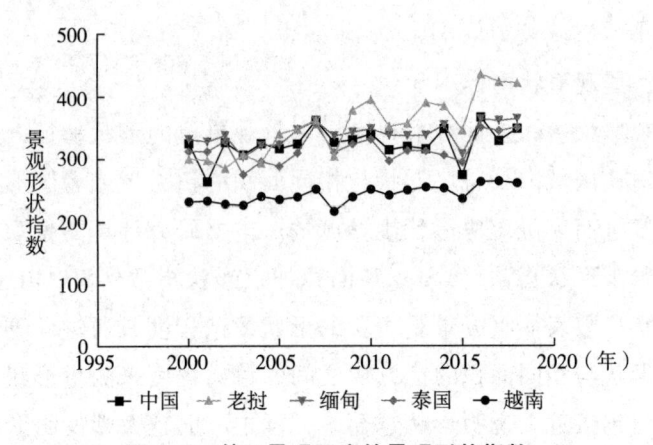

图 6-5 基于景观尺度的景观形状指数

断，可能是景观形状变化的斑块面积较大，从而导致其在面积加权形状指数时计算结果偏大。老挝的面积加权形状指数在整个研究期间变化十分剧烈，说明其土地利用变化多发生在一些大面积土地利用斑块上。缅甸面积加权形状指数除了在2003年有较大波动外，整个过程比较平稳。泰国、越南面积加权形状指数波动幅度最小，变化趋势平缓。从整体面积加权形状指数来看，随着时间的流逝，景观面积加权形状指数越来越弱，说明人类活动对土地利用变化的影响程度正在逐渐减弱，这与前面所得到的人类活动对土地利用变化的影响在7—9年达到极值，随后呈逐渐减弱趋势的结论相符合。

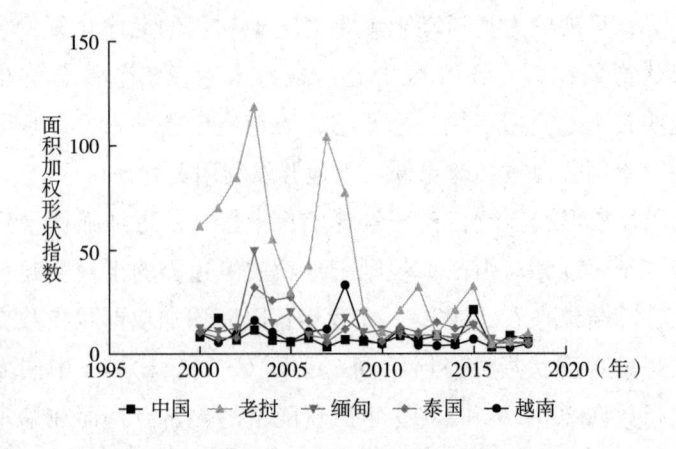

图 6-6 基于景观尺度的面积加权形状指数

(二) 基于迁移农业的景观形状指标计算

基于迁移农业的景观形状指数计算同样是对在迁移农业发生过程中占据重要地位的园地和橡胶用地开展，通过分析研究区园地和橡胶用地景观形状指标的变化，了解迁移农业对景观格局重组的扰动作用。

1. 基于迁移农业的园地景观形状指标计算

园地的景观形状指数和面积加权形状指数是对区域内园地形状和面积状况的直接反馈。一般来说，波动越大，说明相应种植作用用地情况变化越大，是侧面反映土地利用扰动的指标。

在研究期内，研究区内所有园地景观形状指数变化都相对平缓，没有突然增大和突然减小的特征（见图6-7）。中国和缅甸的园地景观形状指数计算结果，无论是值还是变化趋势，都最为接近。泰国园地景观形状指数波动较上述两个地区有所增强，主要表现在研究初期。老挝园地景观形状指数在研究期间有明显的逐步增加的趋势。而越南园地景观形状指数最小，走势有一丝向上增加的趋势，几乎不变。

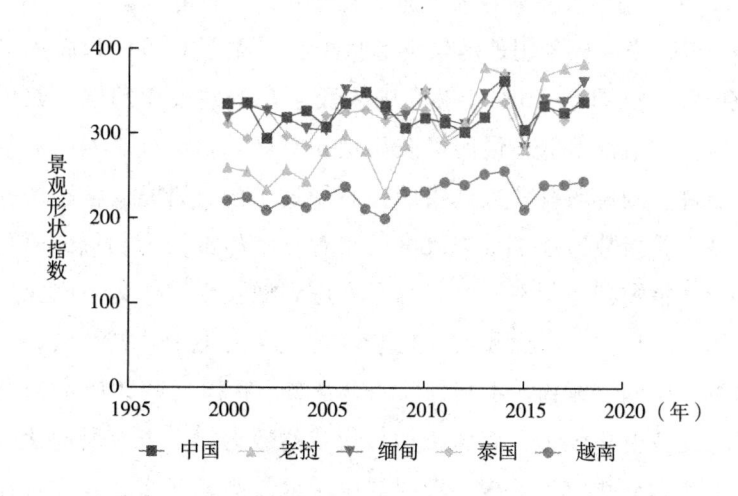

图6-7 园地景观形状指数

对于园地面积加权形状指数而言（见图6-8），老挝、缅甸、越南的指数大小类似，变化幅度也接近，但变化走势大同小异。中国园地面积加权形状指数波动大小仅小于泰国，主要原因是泰国园地面积加权形状指数在2003年和2011年有很大的异常波动。整体而言，研究区园地景观形状指数和面积加权形状指数变化较为稳定。

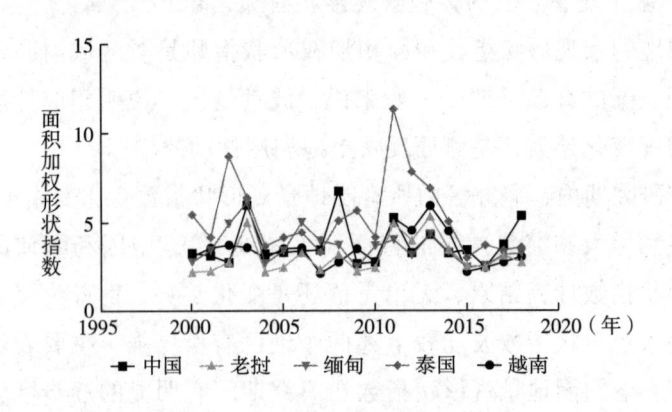

图6-8 园地面积加权形状指数

2. 基于迁移农业的橡胶用地景观形状指标计算

一般来说，橡胶用地的景观形状指数（见图6-9）和面积加权形状指数（见图6-10）能够反映橡胶生产的规模化问题。如果景观形状指数值都偏低，说明橡胶用地相对规则，结合研究区的基本地理条件，则说明有较大规模的橡胶用地生产。研究区各国橡胶用地景观形状指数与基于景观尺度的景观形状指数极为相似，而面积加权形状指数则有所不同。原因是考虑到橡胶用地作为东南亚地区的重要经济产物，其面积波动性会远远大于用地形状指数波动。具体来看，中国、缅甸、老挝橡胶用地景观形状指数除2016年有所变动外，走势变化较小；而面积加权形状指数老挝上下有所起伏，中国、缅甸则变化较为平缓。泰国橡胶用地景观形状指数波动仅比越南橡胶用地景观形状指数波动大，而面积加权形状指数变动由大幅变动向小幅变动过渡，最终趋于稳定。越南橡胶用地景观形状指数最小，在研究期间，走势也最稳定；面积加权形状指数振幅巨大，以2002年和2008年的值为代表，在发生过较大变动之后，会沉淀一段时间，而后继续变化，分析与区域土地利用变化的周期性规律相关。

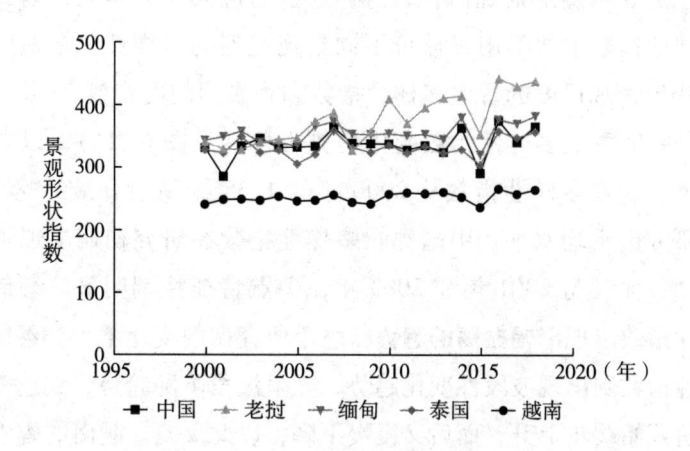

图6-9 橡胶用地的景观形状指数

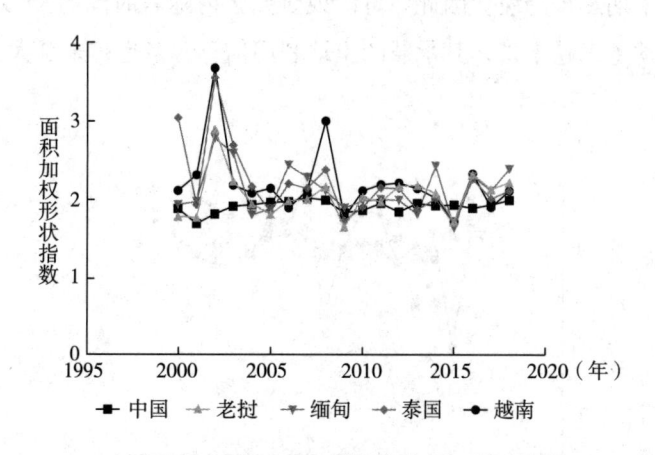

图6-10 橡胶用地的面积加权形状指数

三 景观多样性指标

景观多样性是指一个区域内景观类型的丰富程度，包括景观类型的多样性和景观物品类的多样性。景观多样性丰富是区域生态活动丰富、生态功能齐全的要素，是保障生态安全的重要性参照指标。在景观格局指数中，景观多样性指数主要包括香农多样性指数（SHDI）和香农均匀度指数（SHEI）等。需要注意的是，景观多样性指数是针对整个景观而言，这样才能对应其研究本质，因此，景观多样性指数一般不用于评价不同景观类型的多样性。本书研究计算了基于景观尺度的香农多样性指数和香农均匀度指数。

研究区香农多样性指数变化趋势明显（见图6-11），以老挝最为典型，香农多样性指数从2000年的1.38振荡上升最终达1.61，接近研究区平均水平。中国香农多样性指数在研究初期出现了较大的波动，尤其是2001年和2003年，尖点特征特别明显。缅甸香农多样性指数出现窄幅振荡的趋势，整个研究期内变化不大。泰国香农多样性指数则出现波段性变化趋势，先呈波段下降趋势，到达一定水平然后开始缓步上升，而后又慢慢下降，以此反复。越南的香农多样性指数振幅仅小于老挝，但变化趋势有所不同，研究早期呈乱序起伏，到末期逐步趋缓。因此，可以说研究区内随着时间的推移，土地利用活动越来越丰富，其承载的土地利用信息含量也越来越大。

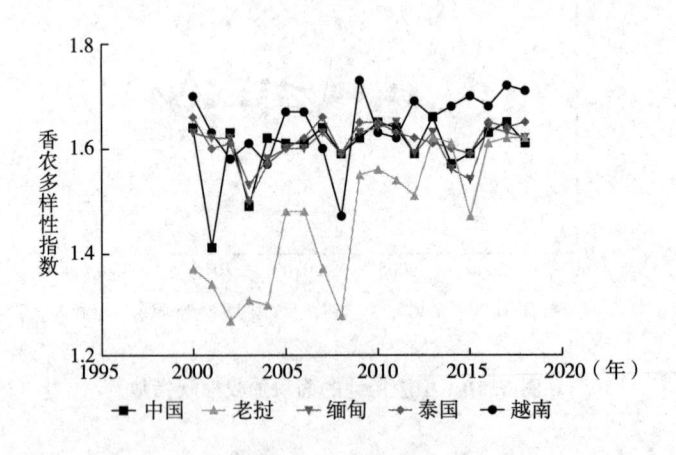

图6-11 香农多样性指数

香农均匀度指数更多的是考虑景观的多样性变化过程。在研究期间，其变化走势几乎与香农多样性指数一致（见图6-12）。当香农均匀度指数接近1时，说明各景观斑块均匀分布，有最大的多样性。而对于研究区而言，中国、缅甸、泰国、越南的香农均匀度指数都在0.75上下振荡，而老挝香农均匀度指数在研究初期开始缓步上升，但当其值达到0.75时，这种增势也停了下来。说明研究区受当地地理条件限制，香农均匀度指数的极值就在0.75附近。了解这一指数，对于指导区域土地利用、合理提升生物多样性具有重要意义。

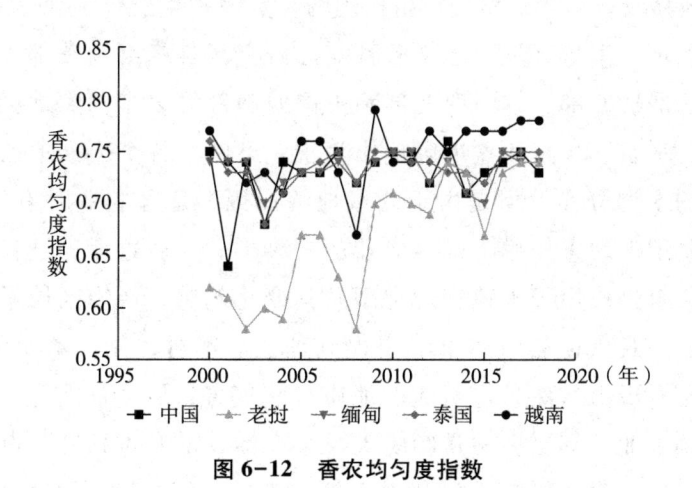

图6-12 香农均匀度指数

第四节 基于迁移农业的景观格局重组影响因素定性分析

迁移农业对景观格局重组扰动的影响因素最主要的是其自身限制条件，迁移农业发生的时间、强度、频率、空间位置等差异，都直接作用于景观格局重组的不同结果。针对迁移农业对景观格局重组扰动的影响因素研究，可以说是迁移农业变化驱动的分析。通常来讲，影响区域迁移农业的驱动因素可以分为自然因素和人为因素。自然因素限制人类活动对土地的开发利用,人为因素则直接影响土地利用。二者在不同的时间和空间维度上对土地利用变化产生不同的影响效果。通常而言,自然条件的限制性是从古至今就存在的,不会因人类的主观意志而消失,其对迁移农业的影响贯穿始终,尤其在科技尚不发达的很长一段时间内,自然条件是主导和限制迁移农业发生的关键因素;而人为因素更多的则是依托自然条件,对区域迁移农业的发生与否直接产生作用,相对来说作用力度更大而范围更小。

一 自然因素

迁移农业对景观格局重组扰动的自然因素主要包括地形地貌、气候条件、土壤环境、水文条件等。研究区囊括缅甸东部、泰国北部、老挝北部、越南西北部和中国西南部等多个国家地区,以山岭、平谷、丘陵和盆地等地形为主。虽然在各个国家地区均有相应的水源分布,但是由于区域地势原因,迁移农业时有发生,这就是地形因素作用于迁移农业的一种形式,通过促进迁移农业行为,直接作用于土地利用类型及其变化趋势,影响区域景观格局,这一观点也在前述章节中得到证实。不过,究其本质原因,如果不考虑由自然条件引起的地质自然灾害,那么自然因素作用于迁移农业,则更多的是影响人类生产活动的基本条件,以人类活动为中间载体影响土地利用变化。忽视人类活动作用,自然因素对土地利用类型乃至景观格局的改变是极其缓慢的。以研究区为例,世界银行提供的数据显示,研究区内如越南、泰国的年均温度都有所提高,但区域内远离人类活动区域的迁移农业行为并没有显著的变化,迁移农业更多的还是聚集在人类居民点附近,一方面居民点促进迁移农业发生,另一方面迁移农业也会反馈居民点的建立。

基于以上内容,为了进一步探讨自然因素对迁移农业乃至人类土地利用过程的影响作用,研究以2000—2018年的橡胶用地数据,选取地形指数(高程、坡度、坡向)作为土地利用适宜性评价的自

第六章
基于迁移农业的区域景观格局重组研究

然因素驱动背景数据，获取不同年份的土地利用适宜性，并对多年土地利用适宜性求平均，最终得到的橡胶用地适应性概率表明橡胶用地与坡度的耦合关系十分明显。如果结合土地利用类型近20年的变化，橡胶用地的高适应区与耕地、园地在空间上有很大的重叠部分，这些都是便于人类活动开展的区域。

二 人为因素

人为因素对土地利用变化的推动作用则是显而易见的，通常包括人口数量、社会经济水平、区域政策等，这一结论得到了很多文献的支撑。土地作为承载人类生产活动的主要媒介，人们往往是通过改变乃至掠夺土地资源来满足生存需要，无论是粮食、住房、交通等基础设施的需求，还是休闲娱乐的人造绿地需求都会几何倍增，对土地利用类型、土地景观格局直接造成干预和改变。

于迁移农业地区而言，人口数量的增加会在很大程度上刺激对农作物的需求，进而促进迁移农业行为的发生，增强迁移农业对景观格局重组扰动的作用。社会经济水平影响迁移农业主要是因为不同经济发展水平，人类希冀从土地资源获取的需求不同，这就会促进土地利用类型的转换。区域政策对迁移农业的影响，其本质也是调动或者抑制人类的主观能动力，促进人们朝着不同方向利用和改造土地。

研究重点讨论国际资本市场对区域迁移农业的影响。资料显示，国际橡胶价格于2006年和2011年均达到一定峰值，随后研究区内2007年和2012年橡胶面积和斑块数均有大幅增加。中国2006年橡胶斑块面积为19657.80平方千米，2007年增加到24065.10平方千米，增长率为22%。2011年面积为17821.90平方千米，2012年则为19099.40平方千米，增长率为7%。同样，作为世界第一大橡胶出口国的泰国，研究区内的橡胶用地面积在2006—2007年和2011—2012年分别增加4817.60平方千米和1551.20平方千米。老挝2006年橡胶用地面积23348.25平方千米，2007年增加至

25269.57平方千米，2011年橡胶用地面积22702.86平方千米，2012年橡胶用地面积增加至27321.75平方千米，变化十分明显。这表明如果当年橡胶价格较高会加大迁移农业发生强度，激发农民种植的积极性，并于次年扩大种植面积。此外，值得一提的是，通过查阅相关资料发现，老挝橡胶用地面积变化巨大的另一个重大因素是老挝在2000年逐步扩大开放了大规模土地租赁特许权，土地使用价格低廉，极大地加速了国外资本流入，正是在这种国际资本环境、国内土地政策的双重刺激下，老挝土地利用变化发生着巨大变化。

第五节 小结

本章重点开展了迁移农业对景观格局重组扰动的研究，借助景观格局指标计算模型，结合研究区实际状况，分国家、分类别地对景观格局进行了分析，以揭示不同国家迁移农业对景观格局重组扰动的差异性结果，进而探讨迁移农业对景观格局的影响。

一 基于迁移农业的景观格局变化分析

在全域景观尺度上，老挝的景观蔓延度相对较大，说明景观内不同斑块间的延展趋势较大。2011年之后越南的蔓延度相对较小，表明不同斑块间延展趋势较小。中国、缅甸、泰国的蔓延度没有明显差异且具有较为一致的变化轨迹，说明不同国家景观中的优势斑块类型的连接性或延展性比较相似，而且变化也比较接近。总体而言，不同国家之间的景观分离度没有显著差异，而且同一时期不同国家之间变化轨迹不同。除缅甸的分离度变化较小外，中国、老挝、越南和泰国的分离度变化非常大。这说明景观的破碎度和人对生态系统的影响因时而异，在不同国家之间区别不大。2015年之前老挝的凝聚度较大，而2002—2009年中国景观的凝聚度比其他国家小，2010年之后越南的凝聚度比其他国家小。不同国家之间的景观凝聚度虽差异不显著，但总体均呈减小的趋势。这说明景观的连通性在研究初期均较大，但在后期变差，斑块类型变得离散，景观趋于破碎。老挝的基于聚散的邻近指数总体较大，尤其是在2000—2008年，以及2015年，表明景观的破碎度大。尽管泰国、越南和中国分别于2003年、2008年、2015年出现极大值，但整体差异不显著。除老挝外，其他国家的景观具有相似的破碎度，只是在不同时期程度有所区别。老挝的香农多样性指数和香农均匀度指数均比其他国家小，但有明显的增大趋势，表明其景观由异质性逐渐变大且分布趋于均匀。中国、越南、缅甸、泰国之间的差异较小，说明其的景观异质性相似，斑块类型分布的均匀程度也较为相似。

土地利用类型尺度上的景观格局指标计算结果表明，越南的橡胶用地斑块面积较小，斑块数较少，两者随着时间的变化也相对较小。老挝的橡胶用地斑块面积在2010年之前与其他国家没有明显差异，在2010年之后显著大于其他国家；斑块数总体上多于其他国家，表明橡胶的种植比较分散。缅甸的橡胶斑块面积和斑块数整体上比中国和泰国大，但3国之间的差异很小；斑块数的时间变化也相对较小，没有明显趋势。不同国家之间的平均斑块面积则没有显著差异，说明斑块的连通性较为接近。不同国家的橡胶用地斑块面积和平均斑块面积随时间的变化规律非常相似，在2001年、2005年、2009年和2015年达到极小值，而在2003年、2007年、2014年和2016年达到极大值。斑块数也有相似的趋势，但不明显。考虑到不同国家的气候条件和管理模式不同，这种较为一致的变化规律很可能是胶价波动引起的。无论哪个国家或地区，农户和企业种植橡胶的积极性都受胶价影响，一般胶价较高时会扩大种植面积，价格较低时会相应地减小种植面积。基于迁移农业的园地景观格局计算指标结果与橡胶用地结果类似，由其所表征的土地斑块破碎度相较于全域土地斑块破碎度有所改善，但整体趋势依然是随着时间的增加而逐步加重。一方面是由

◇ 基于迁移农业的区域土地利用变化研究

于人类活动对土地利用程度的扰动增加，整体斑块破碎度水平上升；另一方面是由于迁移农业推动的土地利用集约节约利用，也促使园地的景观破碎指标有所改善。

总体来看，受迁移农业活动的影响，研究区不同国家的景观破碎度有所增大，斑块趋于离散，多样性变化很小，反映出生态环境受干扰程度的增大，生态环境有变差的趋势，所以在以后的土地利用活动中应注重对生态环境的影响。

二 迁移农业对景观格局重组扰动的影响因素定性分析

迁移农业对景观格局重组扰动作用受地形地貌、气候条件、土壤环境、水文条件等自然条件和人口数量、社会经济水平、区域政策等人为因素影响明显。如果不考虑由自然条件引起的地质自然灾害，那么自然因素作用于迁移农业，则更多的是影响人类生产活动的基本条件，以人类活动为中间载体影响土地利用变化。忽视人类活动作用，自然因素对土地利用类型乃至景观格局的改变是极其缓慢的。比如，研究区内年均温度的提升对迁移农业对景观格局重组扰动作用影响并不明显，迁移农业更多的还是聚集在人类居民点附近，一方面居民点促进迁移农业发生，另一方面迁移农业也会反馈居民点的建立。

迁移农业对景观格局重组扰动作用的影响中人为因素更为直接，于迁移农业地区而言，人口数量的增加会在很大程度上刺激对农作物的需求，进而促进迁移农业行为的发生，增强迁移农业对景观格局重组扰动的作用。社会经济水平影响迁移农业主要是因为不同经济发展水平，人类希冀从土地资源获取的需求不同，这就会促进土地利用类型的转换。区域政策对迁移农业影响的本质也是调动或者抑制人类主观能动力，促进人们朝着不同方向利用和改造土地。以研究区为例，国际橡胶价格于2006年和2011年价格均达到一定峰值，可以清晰地看到随后研究区内2007年和2012年橡胶用地面积和斑块数的大幅增加。此外，值得一提的是，通过查阅相关资料发现，老挝橡胶用地面积变化巨大另一个重大因素是老挝在2000年逐步扩大开放了大规模土地租赁特许权，土地使用价格低廉，极大地加速了国外资本流入，正是在这种国际资本环境、国内土地政策的双重刺激下，老挝土地利用变化发生着巨大变化。

第七章 基于迁移农业的区域土地利用管理对策

合理的土地利用一直是亘古不变的话题,探索生态、生产、生存协同发展的土地利用方式一直是土地利用研究的最终目的。中南半岛作为东南亚土地的重要组成部分,在全球生态环境中占据重要角色,研究其利用变化具有重要的生态保护意义,这一点不仅仅局限于区域土地生态环境,也是地球生态系统中的重要一环。在此背景下,在基于,Google Earth Engine(GEE)的迁移农业区识别及其变化过程研究结果、基于迁移农业的土地利用变化扰动区识别及其变化过程研究结果、迁移农业对土地利用类型演替扰动研究结果、迁移农业对景观格局重组扰动研究结果的基础上,以迁移农业为手段,以土地生态文明建设为导向,以土地可持续利用为目标,以区域协同发展为契机,以土地集约节约利用为基础,探讨中国、越南、老挝、泰国、缅甸交界区(研究区)土地质量、生态质量、景观质量的改良路径。

第一节 基于迁移农业的土地利用扰动影响特征

一 不同尺度下迁移农业对土地利用扰动影响不同

于迁移农业自身而言,除部分年份迁移农业变化面积突出外,

第七章
基于迁移农业的区域土地利用管理对策

整体相对较为平缓，呈现缓增缓减的趋势。但迁移农业区面积研究说明其往往存在着某一年份大量发生，随后几年迁移农业发生面积就会变少，变化面积较大的年份是在 2001 年、2003 年和 2010 年，其他年份相对小很多。在整体趋势上迁移农业发生面积有逐步减少的趋势，这也与随着区域经济发展，人类逐渐摒弃迁移农业这一传统劳作方式相符。

于土地利用类型演替而言，研究区土地利用类型变化强度有随着时间增加逐步增大的趋势，但当土地利用类型变化频率达到一定阈值时，这种增加趋势会逐步衰退。受迁移农业影响，研究区内的土地利用变化广泛存在于森林和人类用地之间的相互转换，尤其是森林和耕地、园地、橡胶用地之间的转换关系密切。结果表明土地利用类型累积变化比例最大的是森林，其次是耕地，园地累积变化速率也有递增的趋势。同时，由于迁移农业的行为存在，土地利用类型演替聚集效应明显，对区域土地利用类型演替过程而言，迁移农业的推动作用是毋庸置疑的。土地利用类型变化的变化率会在 7—9 年后逐步衰减，可以认为，这个时间节点是人类活动影响的时间拐点，即迁移农业对区域土地利用类型的演替作用的影响在 7—9 年内达到极值，然后逐渐减弱。迁移农业地区土地利用类型演替的又一个有趣的现象是，初期土地利用类型变化的奇数频率与偶数频率在早期存在截然相反的走势。当土地利用类型变化频率达到一定阈值之后，这种情况才会消失。这可以很好地解释局部土地利用类型变化的周期性特征。在相同变更周期中的土地单元会持续保持同步变化，即当同一周期的土地变化开始或结束时，同时会有大量的土地利用类型变化，而随着时间的流逝，土地利用类型变化的频率越来越大，同一频率的土地利用类型变化将逐渐多样化，这种异常情况将逐渐消失。

于景观格局重组扰动而言，在全域景观水平尺度下的研究区景观格局景观破碎度明显增大，斑块区域离散，多样性变化也有所降低，反映出生态环境受干扰程度的增大，生态环境有变差的趋势。而针对迁移农业发生过程中土地利用类型转移的主要对象——园地和橡胶用地的景观破碎度指标计算结果有所不同，相较于全域景观破碎度指标计算结果，基于迁移农业的园地景观破碎指标计算所表征的土地斑块破碎度有所改善，但整体趋势依然是随着时间的增加而逐步加重。一方面是由于人类活动对土地利用程度的扰动增加，整体斑块破碎度水平上升；另一方面是由于迁移农业推动的土地利用集约节约利用，也促使园地的景观破碎度指标有所改善。橡胶用地景观破碎度指标受迁移农业影响更为明显，土地斑块破碎程度变化在整个研究周期内基本保持不变，主要是迁移农业过程中，特别是研究区的迁移农业过程中，橡胶用地作为重要的受体单元，由此加强的土地利用集约节约利用度与全域破碎化度相冲抵，进而维系了橡胶用地的景观破碎度的稳定性。

二 不同国家迁移农业对土地利用扰动影响不同

不同国家迁移农业对土地利用变化的扰动影响存在明显差异。于迁移农业活动而言，其最为剧烈的是缅甸地区，对一个土地利用单元而言，在研究周期内（2000—2018年）有近13%的概率发生迁移农业活动；而后是泰国地区，其迁移农业发生概率接近9%；老挝地区的迁移农业发生概率接近8%；中国地区发生迁移农业的概率约为7.5%；越南地区迁移农业发生概率最小，只有5%左右，迁移农业活动并不剧烈（见图7-1）。而土地利用单元受迁移农业扰动的概率有所不同，泰国地区土地受迁移农业扰动概率最大，为76.94%，越南地区、中国地区、缅甸地区紧随其后，分别为74.86%、73.71%、72.87%。老挝地区的土地利用变化概率相对较小，为62.53%（见图7-2）。

由迁移农业带来的土地利用类型演替扰动有所差异，以土地利用类型变化频次为例（见图7-3），于一个土地利用单元而言，越南地区土地利用类型变化频次最大，达到6.59次，泰国地区、中国地区和缅甸地区土地利用类型变化频次较为接近，分别位列第二、第三、第四，分别为4.76次、4.54次、4.34次。老挝地区土地利用类型变化频次最小，为3.59次。

第七章
基于迁移农业的区域土地利用管理对策

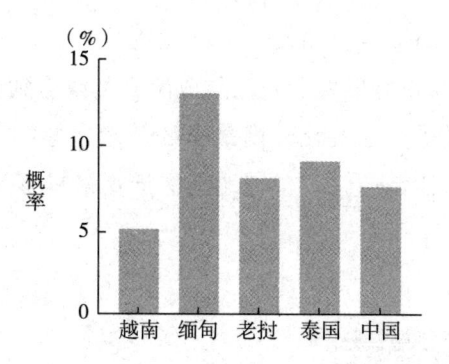

图 7-1 迁移农业发生概率

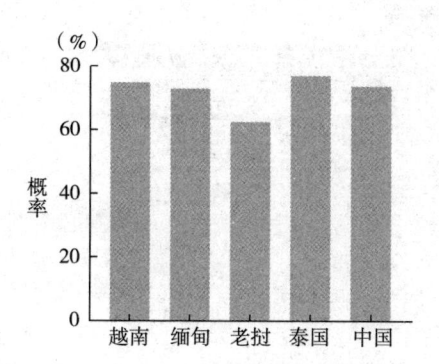

图 7-2 土地受迁移农业扰动概率

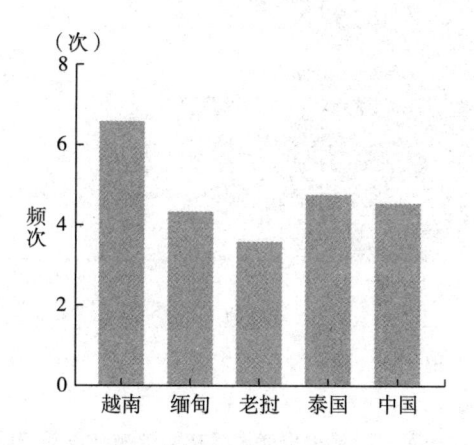

图 7-3 土地利用类型变化频次

◇ 基于迁移农业的区域土地利用变化研究

对于景观格局重组扰动而言，以斑块数为例，将研究区内各个国家2000—2018年的斑块数量汇总成图。可以看到，在迁移农业作用下，景观格局受扰动变化程度最大的是老挝地区，其次是泰国地区、中国地区和缅甸地区，越南地区的景观格局受扰程度最小（见图7-4）。

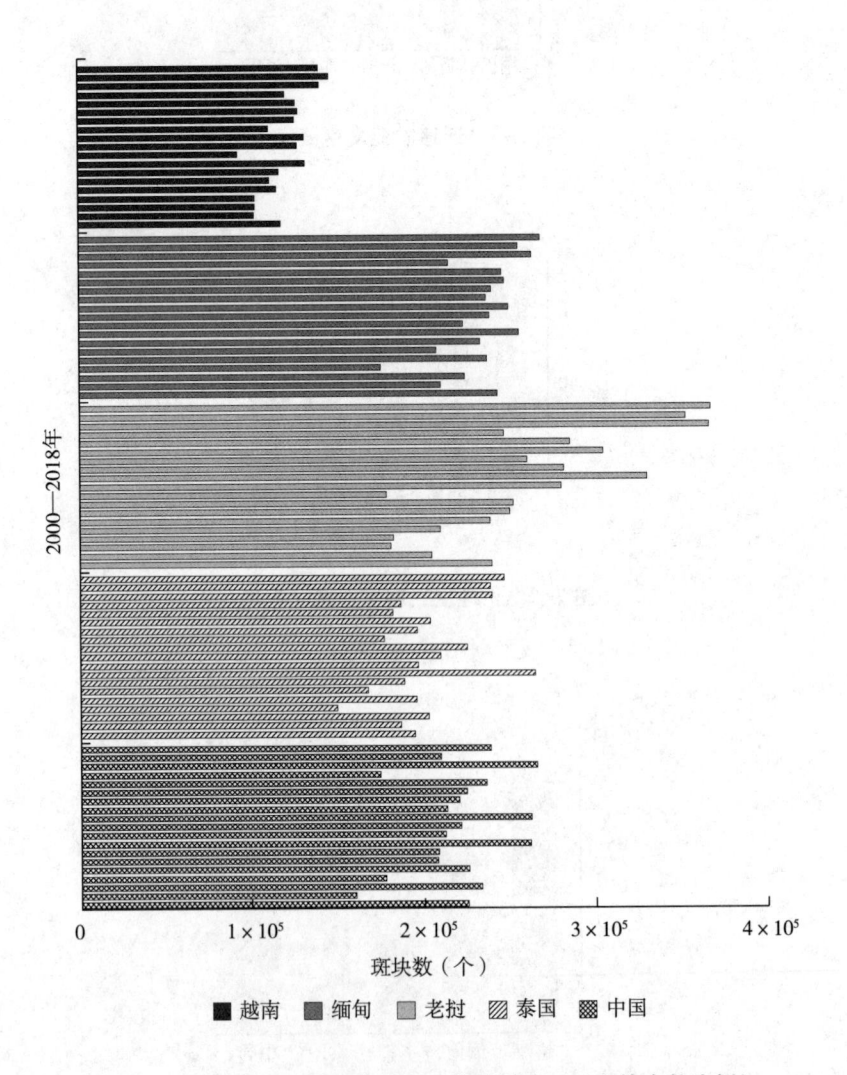

图7-4 迁移农业对景观格局重组扰动影响（以斑块个数为例）

第七章
基于迁移农业的区域土地利用管理对策

基于以上内容，不同国家迁移农业对土地利用扰动影响表现差异有所不同。一方面说明不同国家土地利用变化对迁移农业的响应不同，另一方面说明土地利用本身的复杂过程。为了进一步了解不同国家不同尺度下的迁移农业对不同尺度的土地利用变化扰动影响的耦合程度，将迁移农业发生概率、土地受迁移农业扰动概率、土地利用类型变化频次、景观格局重组扰动四个指标无量纲化后绘制成图（见图7-5）。可以看到，越南地区迁移农业和土地受迁移农业扰动概率正相关性明显，迁移农业对土地利用类变化频次和景观格局重组扰动较弱；缅甸地区迁移农业对迁移农业区扰动明显，对土地利用类型演替和景观格局扰动较弱；老挝地区迁移农业对迁移农业扰动区和土地利用类型演替都有明显作用，而对景观格局重组扰动偏弱；泰国地区迁移农业对迁移农业扰动区有一定扰动作用，但对土地利用类型演替和景观格局重组不明显；中国地区是唯一迁移农业对迁移农业扰动区不存在明显正相关作用的区域，迁移农业对土地利用类型演替和景观格局重组扰动明显。

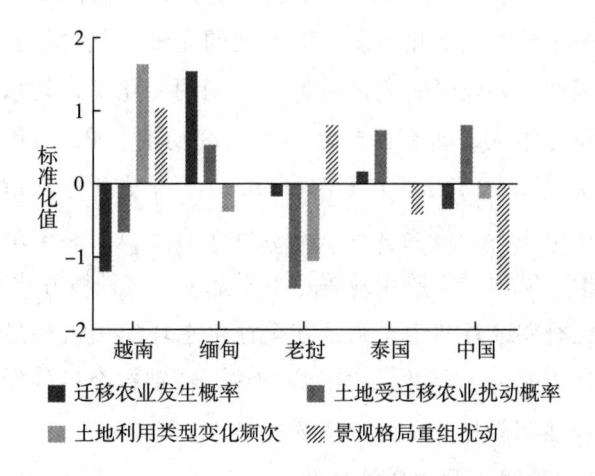

图 7-5　不同国家不同尺度下迁移农业对土地利用扰动影响

注：缅甸景观格局重组扰动指数与泰国土地利用类型变化频次指数由于标准化之后其值接近0，故在该图中未能正常显示。

第二节 基于迁移农业的土地利用问题

一 基于迁移农业的土地利用类型变化显著

从2000—2018年遥感影像解译的土地利用数据来看,林地和耕地是中国、越南、老挝、泰国、缅甸交界区(研究区)的主导用地类型,橡胶用地、人工林、裸地、定居点、水体等土地利用类型相对较少。

在整个研究周期内,由于中国、越南、老挝、泰国、缅甸交界区(研究区)迁移农业耕作方式的存在,有大量林地被破坏侵占,或用作耕地,或用作人工种植林,土地利用变化特征明显。

(一)林地面积变化剧烈

2000—2018年,研究区森林用地类型,特别是次级森林变化十分剧烈,其累计土地利用变化率(按逐年土地利用变化率累积所得)近100%,这在很大程度上超过了研究的一般认知,主要是由于逐年期的土地利用变化率研究对土地的完整变化过程有更为详细的揭示。当然,相较于研究区林地土地利用变化率,其总体土地利用变化面积并不大,研究区林地面积研究初期2000年和研究末期2018年分别为20.13万平方千米和19.27万平方千米,占研究区总面积百分比由48%下降至45%,减少3个百分点,其中绝大多数林地变成耕地、园地、橡胶用地等,主要是由区域种植方式决定的。

考虑到研究区森林生态系统在全球生态环境中占举足轻重的地位,可以认为研究区森林保护形势严峻,特别在今后的发展过程中更应注重和强调森林开发的可持续性。

(二)园地用地面积增幅巨大

由于茶叶、木薯、油棕等作为东南亚地区重要的经济产物,随着国际市场需求的增大,在研究区的园地面积也有巨大增幅。其土地利用面积从2000年的2018平方千米,增加到5395平方千米,占比分别为0.49%和1.26%，这将给当地的生态环境带来一定负担。

二　基于迁移农业的土地浪费现象突出

由于研究区迁移农业的存在，这在很大程度上会造成土地资源的浪费。经过刀耕火种的土地，如果由于居民的迁移而荒废，这有一定概率会造成土地植被的不可再生。由土地利用变化数据可得，研究区裸地面积由2000年的6380平方千米，增长到2018年的15500平方千米，分别占研究区总面积的1.49%和3.62%，增量超过1倍。这说明研究区土地利用极为粗放，浪费了大量土地资源。

尽管研究区土地资源浪费现象的产生有其重要的历史背景原因，但受限于当地地理环境、经济发展水平及科学用地条件等，为了保障区域土地利用的可持续发展，减缓区域人地矛盾，未来土地工作要注重节约集约利用土地理念宣传，以切实保护区域土地资源。

三　基于迁移农业的土地生态质量恶化

对研究区土地利用变化的研究，证实了迁移农业对研究区土地利用状态造成了极大的干扰，林地被大量侵占，园地和橡胶用地的迅速扩张、建设用地的无序开发等严重扰乱了区域景观格局特征。

以研究区老挝地区为例，其景观蔓延度相对较大，景观内不同斑块间的延展趋势明显，而越南的蔓延度2011年之后突然变小，这些都受人类活动影响。而研究区内中国、缅甸、泰国地区的蔓延度却没有明显差异且具有较为一致的变化轨迹，说明不同国家景观中的优势斑块类型的连接性或延展性比较相似，而且变化也比较接近。此外，研究区整体景观凝聚度有明显减小的趋势，说明景观的连通性在研究初期较大，而后受人类活动影响，斑块类型变得离散，景观趋于破碎。包括香农多样性、香农均匀度指数等都对土地利用变化有自身对应的响应特征。

总体来看，研究区景观破碎度有所增大，斑块趋于离散，多样性变化很小，反映出生态环境受干扰程度的增大，生态环境有变差的趋势，环境质量有待提高。基于此，在以后的土地利用活动中应注重对环境的影响，实现人、地协同可持续发展要求。

第三节 基于迁移农业的土地利用发展策略

研究迁移农业对土地利用的扰动影响，其本质就是基于土地对人类活动的响应而产生的土地信息反馈，进而开展土地可持续利用研究。通过了解当地迁移农业对土地利用的扰动作用，结合当地土地利用的基本内涵、表现形式、变化规律和强度，以及由此带来的生态环境和生态服务的变化，进而以调整区域土地利用类型的结构、比例、空间分布，耦合区域地理条件和经济发展水平，完善土地利用方式，使土地资源充分发挥其生产、生活、生态功能，达到社会、经济和生态的最佳综合效益。

一 要突出迁移农业的生态性

土地生态利用主要是指建立以经济、生态、环保三位一体的土地资源合理利用方式，通过充分发挥土地资源属性，因地制宜，实现不落下经济、不忽视生态、不舍弃环保的土地利用。研究区地处中南半岛，广泛存在着迁移农业的这一古老又原始的农业耕作方式，对生态环境造成巨大破坏。因此，要突出迁移农业过程的生态性，对区域土地资源开发和利用提出科学规范的土地规划指导。强调在土地开发的过程中，采用先进的技术和方法对土地利用进行建设，避免土地的无序开发，降低乃至消除土地开发对生态环境的干扰。在日常使用中要加强用地保护，提升土地利用强度，加强土地利用集约节约利用，以质换量，减弱减缓迁移农业发生强度，缓解人地矛盾，实现以有限的土地资源条件满足区域经济社会发展需求。对既有生态环境问题，具体问题具体分析，通过改善、改良迁移农业过程，从根本上保障生态安全。要加强土地生态利用意识，由指导变引导，以扰动性最小、生态性最优的方式推动迁移农业，推动区域土地生态利用发展进程。

二 要加强迁移农业的资本管理

由外来资本推动的迁移农业行为,对中南半岛区域土地利用的影响毋庸置疑。随着大量资本涌入研究区域,由此带来的农业生产扩大化、农业生产集约化、农户生产非农化等都很大程度地影响着区域迁移农业和土地利用。扩大化的农业生产需求,必然会带来大量迁移农业行为,导致农户林地被侵占,毁林开荒,以满足生产需要,由此带来的土地退化、生态功能退化问题日益显著。同时,由资本带来的先进科学技术和管理经验,也推动着农业生产的集约化趋势,通过提升土地利用质量和效率,以优质土地替代劣质土地,在一定程度上也会减少迁移农业引起的土地开发和土地撂荒,促进植被恢复和森林恢复。而随着农户生产非农化的发展,由资本伴生的工业化进程,将促使一部分农民不再从事农业生产,进而影响和减少区域迁移农业带来的砍伐森林和开荒等土地利用行为,减缓区域人类活动对土地生态环境的影响。

不难发现,大量资本的涌入对局部迁移农业过程既有促进作用,也有抑制作用。通过加强对资本的管理,对推动迁移农业合理化、土地利用生态化发展具有可操作性。要合理引导资本,重视迁移农业附带影响,加强生态环境保护,构建生态安全意识,以奖代罚,对有益于生态环境发展、区域经济发展的资本给予降税、免税等政策,实现生态导向的工业化,缓解区域迁移农业生态压力,推动区域生态保护进程。要促进资本通过改善生产条件、调整生产模式削减迁移农业生态影响,提升生产效率,要抑制资本进行盲目生产扩大化,坚决杜绝无止境利润最大化的唯资本论思想。

三 要促进迁移农业的协同发展

中国、越南、老挝、泰国、缅甸交界区(研究区)是一个发展整体,所面临的生态环境也是一个整体,它不以民族国家行政疆域为界,每个国家都是整个地区和全球生态环境中的重要组成部分,任何缓解生态环境失衡行为都会破坏整个生态系统。考虑迁移农业对土地利用的扰动影响,从空间上促进迁移农业发展的协同发展,是维系区域整体生态功能均衡和稳定的重要举措。一方面，要尊重国家领土主权，对不同国家行政辖区内的迁移农业进行合理分配；另一方面，要保障农户生存、生产、生活的基本物质需要，切忌盲目和遏制阻挠迁移农业行为。通过以区域共同发展为目标，加强国际合作，完成优劣互补，促进迁移农业协同发展。

"一带一路"（The Belt and Road）是指"丝绸之路经济带"和"21世纪海上丝绸之路"，它依靠中国与有关国家既有的双多边机制，积极高效地发展中国与沿线国家的经济合作，旨在共同打造政治互信、经济融合、文化包容的利益共同体、命运共同体和责任共同体。研究区地处"一带一路"重要节点，要以此为契机，通过经济间的广泛合作和政治上的良好关系，商讨区域迁移农业和土地协同发展规划。要提升"生态环境保护缺一不可"意识，加强区域环境技术交流和环保产业合作，以"生态命运共同体"完善和改进区域迁移农业和土地利用方式，保障区域土地永续发展。

第八章 研究结论与展望

第一节 研究结论与成果

迁移农业作为一种古老又原始的耕作方式,其对土地利用变化的影响不言而喻。在迁移农业过程中,森林的砍伐和焚烧会造成森林退化,是对土地利用变化的最直接作用方式,而随之带来的大量营养物质的流失、土壤生物群落丧失、大气污染和重金属污染等生态环境问题,也间接影响着土地利用变化。可以说,迁移农业是区域土地利用变化的重要一环,其对土地利用变化具有很强的、不可忽视的干扰作用。基于此,探讨基于迁移农业的区域土地利用变化研究,对指导迁移农业区土地利用具有重要意义。本书以中国、越南、老挝、泰国、缅甸交界区为例,结合土地科学、景观生态学、遥感科学,以及环境保护科学等多学科的知识和技术,深入剖析了基于迁移农业的区域土地利用变化研究。通过研究,得出以下结论。

一 迁移农业区的识别及其空间特征规律

迁移农业区的识别主要是以 Google Earth Engine (GEE) 平台,通过调用 LandTrendr 算法,在完善其参数设置和代码调试之后,通过不同植被指数实现对单一像元的土地覆被度监测,并对其变化趋

◇ 基于迁移农业的区域土地利用变化研究

势进行数学模型模拟，最终利用理论模型的阈值和拐点，实现对迁移农业区的识别。在实际操作中，基于归一化燃烧指数（NBR）的迁移农业识别效果要明显优于归一化植被指数（NDVI）。

于中国、越南、老挝、泰国、缅甸交界区（研究区）而言，迁移农业广泛存在，以中部、西部地区为主，东北部、东部地区相对较少。迁移农业的分布存在明显的空间集聚性，频繁发生迁移农业行为的区域相对较为集中，这与人类活动范围的有限性和当地传统耕作习俗有关。从迁移农业发生时间的研究来看，迁移农业不仅在空间集聚，其发生时间也存在着明显的连贯性。邻近区域迁移农业发生的时间往往相对接近。研究区迁移农业发生时间并没有特别明显的规律，各个部分各个时间段皆有迁移农业发生。在整个研究周期内，研究区迁移农业区发生面积较大，但除部分年份迁移农业变化面积突出外，整体相对较为平缓，呈现缓增缓减的趋势。而从迁移农业植被恢复过程来看，多数迁移农业区的恢复周期在7年以内，不同恢复周期的迁移农业区数量有随着周期加长而逐渐减少的趋势。

不同国家在迁移农业行为的表现上也有所不同，研究区内，迁移农业活动最为剧烈的是缅甸地区，对单一土地利用单元而言，在研究周期内（2000—2018年）有近13%的概率发生迁移农业活动；而后是泰国地区，其迁移农业发生概率接近9%；老挝地区的迁移农业发生概率接近8%；中国地区发生迁移农业的概率约为7.5%；越南地区迁移农业发生概率最小，只有5%左右，迁移农业活动并不剧烈。不同国家迁移农业的发生时间也存在差异，中国地区除部分年份异常增大之外，整体变化较为平均，而随着时间的推移，并没有呈现出逐步减弱的趋势，而是呈周期性规律，周期大致在5—7年。缅甸地区的迁移农业区变化非常平缓，除了迁移农业变化面积在2001年为异常值外，后续年份的面积变化稳定。越南地区迁移农业面积变化存在三个明显的波段特征，从2000—2006年的逐步增强，到2007年锐减后缓增至2010年再到2011—2018年的逐步减弱，整体强度有逐步减弱的特征。泰国地区迁移农业识别结果与中国相似，都是由较大迁移农业变化面积组和较小迁移农业变化面积呈现周期性规律。老挝地区迁移农业变化面积变化特征明显，各年份迁移农业发生面积接近，随着时间的推移，呈锯齿形上下波动的趋势，但整体有逐步衰弱的走向。虽然各个国家迁移农业发生面积随着时间推移有各自不同的特征，但整体并没有出现预期地随着人类对生态环境保护观念的加深，逐步摒弃迁移农业行为的趋势。

二 基于迁移农业的区域土地利用变化研究

于迁移农业自身而言，除部分年份迁移农业变化面积突出外，整体相对较为平缓，呈现缓增缓减的趋势。但迁移农业区面积研究说明其往往在某一年份大量发生，随后几年迁移农业发生面积就会变少，变化面积较大的年份是在2001年、2003年和2010年，其他年份相对小很多。整体趋势上迁移农业发生面积有逐步减少的趋势，这也与随着区域经济发展，人类逐渐摒弃迁移农业这一传统劳作方式相符。

于土地利用类型演替而言，研究区土地利用类型变化强度有随着时间增加逐步增大的趋势，但当土地利用类型变化频率达到一定阈值时，这种增加趋势会逐步衰退。受迁移农业影响，研究区内的土地利用变化广泛存在于森林和人类用地之间的相互转换中，尤其是森林和耕地、园地、橡胶用地之间的转换关系密切。结果表明土地利用类型累积变化比例最大的是森林，其次是耕地，园地累积变化速率也有递增的趋势。同时，由于迁移农业的行为存在，土地利用类型演替聚集效应明显，对区域土地利用类型演替过程而言，迁移农业的推动作用是毋庸置疑的。土地利用类型变化的变化率会在7—9年后逐步衰减，可以认为，这个时间节点是人类活动影响的时间拐点，即迁移农业对区域土地利用类型的演替作用的影响在7—9年内达到极值，然后逐渐减弱。迁移农业地区土地利用类型演替的又一有趣的现象是，初期土地利用类型变化的奇数频率与偶数频率在早期存在截然相反的走势。当土地利用类型变化频率达到一定阈值之后，这种情况才会消失。这可以很好地解释局部土地利用类型变化的周期性特征。在相同变更周期中的土地单元会持续保持同步变化，即当同一周期的土地变化开始或结束时，同时会有大量的土地利用类型变化，而随着时间的流逝，土地利用类型变化的频率越来越大，同一频率的土地利用类型变化将逐渐多样化，这种异常情况将逐渐消失。

于景观格局重组扰动而言，在全域景观水平尺度下的研究区景观格局景观破碎度明显增大，斑块区域离散，多样性变化也有所降低，反映出生态环境受干扰程度的增大，生态环境有变差的趋势。而针对迁移农业发生过程中土地利用类型转移的主要对象——园地和橡胶用地的景观破碎度指标计算结果有所不同，相较于全域景观破碎度指标计算结果，基于迁移农业的园地景观破碎指标计算所表征的土地斑块破碎度有所改善，但整体趋势依然是随着时间的增加而逐步加重。一方面是由于人类活动对土地利用程度的扰动增加，整体斑块破碎度水平上升；另一方面是由于迁移农业推动的土地利用集约节约利用，也促使园地的景观破碎度指标有所改善。橡胶用地景观破碎度指标受迁移农业影响更为明显，土地斑块破碎度变化在整个研究周期内基本保持不变，主要是迁移农业过程中，特别是研究区的迁移农业过程中，橡胶用地作为重要的受体单元，由此加强的土地利用集约节约利用度与全域破碎化程度相冲抵，进而维系了橡胶用地的景观破碎度的稳定性。

三 不同国家迁移农业对扰动区土地利用的作用规律

不同国家迁移农业对土地利用变化的扰动影响存在明显差异。于迁移农业而言，其活动最为剧烈的是缅甸地区，对一个土地利用单元而言，在研究周期内（2000—2018年）有近13%的概率发生迁移农业活动；而后是泰国地区，其迁移农业发生概率接近9%；老挝地区的迁移农业发生概率接近8%；中国地区发生迁移农业的概率约为7.5%；越南地区迁移农业发生概率最小，只有5%，迁移农业活动并不剧烈。由迁移农业带来的土地利用类型演替扰动也有所差异，以土地利用类型变化频次为例，于一个土地利用单元而言，越南地区土地利用类型变化频次最大，达到 6.59 次，泰国地区、中国地区和缅甸地区土地利用类型变化频次较为接近，分别为 4.76 次、4.54 次、4.34 次。老挝地区土地利用类型变化频次最小，为 3.59 次。对于景观格局重组扰动而言，以斑块数为例，在迁移农业作用下，景观格局受扰动变化程度最大的是老挝地区，其次是泰国地区、中国地区和缅甸地区，越南地区的景观格局受扰程度最小。

基于以上内容，越南地区迁移农业和土地受迁移农业扰动概率正相关性明显，迁移农业对土地利用类变化频次和景观格局重组扰动较弱；缅甸地区迁移农业对迁移农业区扰动明显，对土地利用类型演替和景观格局扰动较弱；老挝地区迁移农业对迁移农业扰动区和土地利用类型演替都有明显作用，而对景观格局重组扰动偏弱；泰国地区迁移农业对迁移农业扰动区有一定扰动作用，但对土地利用类型演替和景观格局重组不明显；中国地区是唯一迁移农业对迁移农业扰动区不存在明显正相关作用的区域，迁移农业对土地利用类型演替和景观格局重组扰动明显。

第二节　研究创新点

本书的研究创新点主要集中在以下几个方面。

一　迁移农业区识别的方法

迁移农业对全球环境有不可忽视的影响，针对其研究也越来越多，而由于其变化的无序性和高频性，做到实时监测一直是相关研究的难题。本书基于 GEE 平台，借助 LandTrendr 算法，通过利用植被指数对土地利用单元的植被覆盖度变化进行全面监测，进而拟合迁移农业植被覆盖变化趋势，实现了对迁移农业区的识别。

◇ 基于迁移农业的区域土地利用变化研究

二 区域土地利用类型演替规律的揭示

关于土地利用类型演替规律的研究并不缺乏，但相较于传统的阶段式土地利用类型演替规律研究，本书通过逐年期对土地利用类型演替规律进行揭示，在实现对区域土地利用类型演替规律的分析的基础上，更能详细深入地了解区域土地利用类型演替的周期性趋势和规律。

同时，基于单一像元的土地利用类型变化强度研究对土地类型演替规律进行了进一步的补充。本书通过逐一对土地利用像元的土地利用类型变化与否进行数据统计，量化土地利用变化频次，进而通过各像元土地利用变化频次的空间自相关分析，揭示土地利用变化在频次上的聚集效应，相较于传统从土地利用类型的聚集性角度出发揭示土地利用变化聚集效应，本书的研究能够更好地了解区域土地利用变化的聚集效应。

三 迁移农业对区域土地利用扰动影响的揭示

土地利用变化研究并不缺乏，但相较于传统的土地利用变化驱动力研究，本书以区域迁移农业为入手，通过分析迁移农业对扰动区土地利用、区域土地利用类型演替及景观格局重组的三个层面的扰动影响研究，并以研究区各个国家的不同表现结果为依托，揭示迁移农业对土地利用变化的影响，提出基于迁移农业的生态性、资本管理、协同发展等方面的土地利用发展策略。

第三节 需要进一步深入研究和解决的问题

无论是迁移农业，还是土地利用方式，其本质都是人类活动对土地资源的开发和利用，是一个关系自然环境、社会环境、人类生存的多因素多系统的综合性课题，本书实现了对迁移农业的识别及其对土地利用变化的影响研究，但更多的是基于土地自身，从"历

第八章
研究结论与展望

史上"寻求对土地利用变化过程的说明和解释，对于更深层次的跨学科的科学问题未能深入讨论。受自身综合知识水平和精力限制，论文观点难免存在遗漏和不足，许多问题仍有待进一步研究。

基于此研究思路，本书认为还有以下内容需要进一步完善和探索。

一 缺乏对不同迁移农业类型的土地进行分类讨论

本书完成了对迁移农业过程的识别，并实现了空间上的精准定位，也对基于植被覆盖度情况恢复的迁移农业恢复时间进行了大致了解，但缺乏对不同迁移农业类型的土地进行分类讨论。于迁移农业自身而言，不同土地利用转移方向，受不同的驱动力影响，对生态环境的影响不同。通过对迁移农业土地利用方式转移方向的具体识别，既能分析不同作物在相同区域的表现形式，也能分析相同作物在不同区域的呈现状态，进而实现对区域土地利用变化走势的预测。

二 缺乏对迁移农业对土地利用变化扰动作用的深入剖析

本书对迁移农业的扰动力的研究，更多是针对其周边的土地利用变化而言的，是由"因"到"果"的过程，但是对于迁移农业是如何影响土地利用变化，何种情况影响有多深等问题缺乏深入了解。未来应在迁移农业扰动区识别的基础上，更为细致地探索二者的互动机制。

三 缺乏对土地利用变化周期性规律识别的详细方法阐释

本书基于逐年期遥感影像能够细致地说明土地利用类型演替过程，研究过程中也发现区域土地利用变化的周期性规律，但缺乏对这种周期性规律识别的详细方法的阐释。预期在完成普适性土地利用变化周期性规律的识别的规律，对于长时间的序列的土地利用变化研究将依托周期性规律开展，不再需要逐年期开展研究，极大程度上缩减了工作量。

参考文献

陈玲等:《高分遥感在自然资源调查中的应用综述》,《国土资源遥感》2019年第1期。

陈士银等:《基于绩效模型的区域土地利用可持续性评价》,《农业工程学报》2009年第6期。

陈万旭等:《中国土地利用变化生态环境效应的空间分异性与形成机理》,《地理研究》2019年第9期。

丁易、臧润国:《海南岛霸王岭热带低地雨林植被恢复动态》,《植物生态学报》2011年第5期。

傅伯杰、张立伟:《土地利用变化与生态系统服务:概念、方法与进展》,《地理科学进展》2014年第4期。

李洛晞等:《基于MODIS时间序列森林扰动监测指数比较研究》,《遥感技术与应用》2016年第6期。

李平等:《我国现阶段土地利用变化驱动力的宏观分析》,《地理研究》2001年第2期。

廖国强:《云南少数民族刀耕火种农业中的生态文化》,《广西民族研究》2001年第2期。

刘超等:《基于系统论的土地利用多功能分类及评价指标体系研究》,《北京大学学报》(自然科学版)2018年第1期。

卢俊培、曾庆波:《海南岛尖峰岭半落叶季雨林"刀耕火种"生态后果的初步观测》,《植物生态学报》1981年第4期。

罗湘华、倪晋仁:《土地利用/土地覆盖变化研究进展》,《应用基础与工程科学学报》2000年第3期。

欧维新等：《基于土地利用变化的长三角生态系统健康时空动态研究》，《中国人口·资源与环境》2018年第5期。

庞效民：《区域一体化的理论概念及其发展》，《地理科学进展》1997年第2期。

沙丽清等：《西双版纳次生林火烧前后土壤养分变化的研究》，《植物生态学报》1998年第6期。

孙桂芬等：《典型植被指数识别火烧迹地潜力分析》，《国土资源遥感》2019年第1期。

唐建维等：《西双版纳刀耕火种轮歇地植物群落生物量的初步研究》，《生态学杂志》2001年第5期。

唐建维等：《西双版纳热带次生林生物量的初步研究》，《植物生态学报》1998年第6期。

唐勇等：《热带次生林刀耕火种过程中土壤节肢动物群落结构及多样性的变化》，《生物多样性》2001年第3期。

陶志红：《城市土地集约利用几个基本问题的探讨》，《中国土地科学》2000年第5期。

许建初：《从社区林业的观点探讨西双版纳刀耕火种农业生态系统的演化》，《生态学杂志》2000年第6期。

张联敏等：《橡胶林与西双版纳刀耕火种探索》，《西南林业大学学报》2001年第4期。

张萍：《刀耕火种对土壤微生物和土壤肥力的影响》，《生态学杂志》1996年第3期。

张晓玲：《可持续发展理论：概念演变、维度与展望》，《中国科学院院刊》2018年第1期。

赵文武等：《人地系统耦合框架下的生态系统服务》，《地理科学进展》2018年第1期。

郑新奇等：《土地利用总体规划实施评价类型及方法探讨》，《中国土地科学》2006年第1期。

Abdulkareem J. H., et al., "Prediction of Spatial Soil Loss Impacted by Long-term Land-use/land-cover Change in a Tropical Watershed", *Geoscience Frontiers*, 2019, 10 (2): 389-403.

Alegre Julio C., Cassel D. K., "Dynamics of Soil Physical Properties under Alternative Systems to Slash-and-burn", *Agriculture, Ecosystems & Environment*, 1996, 58 (1): 39-48.

Béliveau Annie, et al., "Early Hg mobility in Cultivated Tropical Soils One Year After Slash-and-burn of the Primary Forest, in the Brazilian Amazon", *Science of the Total Environment*, 2009, 407 (15): 4480-4489.

Bigler Christof, et al., "Multiple Disturbance Interactions and Drought Influence Fire Severity in Rocky Mountain Subalpine Forests", *Ecology*, 2005, 86 (11): 3018-3029.

Bouahom. B., "Livestock-based agroforestry as an alternative to swidden cultivation in Laos", ed. by J. W. Copland, A. Djajanegra and M. Sabrani, *Agroforestry and Animal Production for Human Welfare Canberra: Australian Centre Int Agricultural Research*, 1994: 115-118.

Borrelli P., et al., "An Assessment of the Global Impact of 21st Century Land Use Change on Soil Erosion", *Nature Communications*, 2017, 8 (1): 1-13.

Bourgeau-Chavez L. L., et al., "Mapping fire Scars in Global Boreal Forests Using Imaging Radar Data", *International Journal of Remote Sensing*, 2002, 23 (20): 4211-4234.

Brady Nyle C., "Alternatives to Slash-and-burn: a Global Imperative", *Agriculture, Ecosystems & Environment*, 1996, 58 (1): 3-11.

Bryan Brett A., et al., "China's Response to a National Land-system Sustainability Emergency", *Nature*, 2018, 559 (7713): 193-204.

Chidumayo Emmanuel N., "A Shifting Cultivation Land Use System under Population Pressure in Zambia", *Agroforestry Systems*, 1987, 5

(1): 15-25.

Chi Vu Kim, et al., "Land Transitions in Northwest Vietnam: An Integrated Analysis of Biophysical and Socio-Cultural Factors", *Human Ecology*, 2013, 41 (1): 37-50.

Conklin, Harold C., "Section of Anthropology: an Ethnoecological Approach to Shifting Agriculture", *Transactions of the New York Academy of Sciences*, 1954, 17 (2 Series II): 133-142.

Cornelia, Hett, et al., "A landscape Mosaics Approach for Characterizing Swidden Systems from a REDD + perspective", 2012, 32 (2): 608-618.

Curtis P. G., et al., "Classifying Drivers of Global Forest Loss", *Science*, 2018, 361 (6407): 1108-1111.

D' Amour C. B., et al., "Future Urban Land Expansion and Implications for Global Croplands", *Proceedings of the National Academy of Sciences of the United States of America*, 2017, 114 (34): 8939-8944.

Dressler Wolfram, Pulhin Juan, "The Shifting Ground of Swidden Agriculture on Palawan Island, the Philippines", *Agriculture & Human Values*, 2010, 27 (4): 445-459.

Dumond D. E., "Swidden Agriculture and the Rise of Maya Civilization", *Southwestern Journal of Anthropology*, 1961, 17 (4): 301-316.

Epting Justin, et al., "Evaluation of Remotely Sensed Indices for Assessing Burn Severity in Interior Alaska Using Landsat TM and ETM+", *Remote Sensing of Environment*, 2005, 96 (314): 328-339.

FAO, "Tropical Forestry Action Plan", Rome: UN Food and Agricultural Orgamzation, 1985.

Flemmich C. O., "History of Shifting Cultivation in Brunei 1906-1939", *Malayan Forester*, 1940, 28: 234-239.

Fox J., Vogler J. B., "Land-use and Land-cover Change in Montane Mainland Southeast Asia", *Environmental Management*, 2005, 36 (3): 394-403.

Fox J., et al., "Simulating Land-Cover Change in Montane Mainland Southeast Asia", *Environmental Management*, 2012, 49 (5): 968-979.

Friis C., Nielsen J. O., "Small-scale Land Acquisitions, Large-scale Implications: Exploring the Case of Chinese Banana Investments in Northern Laos", *Land Use Policy*, 2016, 57: 117-129.

Fujiki Shogoro, et al., "Estimation of the Stand Ages of Tropical Secondary Forests after Shifting Cultivation Based on the Combination of WorldView-2 and Time-series Landsat Images", *ISPRS Journal of Photogrammetry and Remote Sensing*, 2016, 119: 280-293.

Fuller Douglas O., "Tropical Forest Monitoring and Remote Sensing: A New Era of Transparency in Forest Governance?", *Singapore Journal of Tropical Geography*, 2006, 27 (1): 15-29.

Gao Peng, et al., "Land Use Changes and its Driving Forces in Hilly Ecological Restoration Area Based on Gis and Rs of Northern China", Scientific Reports, 2015, 5: 11038.

Geist Helmut J., "Lambin Eric F., What drives tropical deforestation", *LUCC Report Series*, 2001, 4: 116.

Harris David R., "The Ecology of Swidden Cultivation in the Upper Orinoco Rain Forest, Venezuela", *Geographical Review*, 1971, 61 (4): 475-495.

Houghton R. A., Nassikas A. A., "Global and Regional Fluxes of Carbon from Land Use and Land Cover Change 1850-2015", *Global Biogeochemical Cycles*, 2017, 31 (3): 456-472.

Hurni Kaspar, et al., "Dynamics of Shifting Cultivation Landscapes in Northern Lao PDR Between 2000 and 2009 Based on an Analysis of MODIS Time Series and Landsat Images", *Human Ecology*, 2013, 41

(1): 21-36.

Inoue M., "Mechanism of Changes in the Kenyah's Swidden System: Explanation in Terms of Agricultural Intensification Theory", *Rainforest Ecosystems of East Kalimantan*, Springer, Tokyo, 2000: 167-184.

Inoue Yoshio, et al., "Assessing Land-use and Carbon Stock in Slash-and-burn Ecosystems in Tropical Mountain of Laos Based on Time-series Satellite Images", *International Journal of Applied Earth Observation and Geoinformation*, 2010, 12 (4): 287-297.

Jakobsen Jens, et al., "The Effects of Land Tenure Policy on Rural Livelihoods and Food Sufficiency in the Upland Village of Que, North Central Vietnam", *Agricultural systems*, 2007, 94 (2): 309-319.

Kalnay E., Cai M., "Impact of urbanization and land-use change on climate", *Nature*, 2003, 423 (6939): 528-531.

Kang S. Z., et al., "Improving Agricultural Water Productivity to Ensure Food Security in China under Changing Environment: From Research to Practice", *Agricultural Water Management*, 2017, 179: 5-17.

Kleinman P. J. A., et al., "The Ecological Sustainability of Slash-and-burn Agriculture", *Agriculture Ecosystems & Environment*, 1995, 52 (213): 235-249.

Li Peng, et al., "A Review of Swidden Agriculture in Southeast Asia", *Remote Sensing*, 2014, 6 (2): 1654-1683.

Li Peng, Feng Zhiming, "Extent and Area of Swidden in Montane Mainland Southeast Asia: Estimation by Multi-step Thresholds with Landsat-8 OLI Data", *Remote Sensing*, 2016, 8 (1): 44.

Maranguit D., "Land-use Change Affects Phosphorus Fractions in Highly Weathered Tropical Soils", *Catena*, 2017, 149: 385-393.

Mcguire A. D., et al., "Carbon Balance of the Terrestrial Biosphere in the Twentieth Century: Analyses of CO_2, Climate and Land

Use Effects with Four Process-based Ecosystem Models", *Global Biogeochemical Cycles*, 2001, 15 (1): 183-206.

Mertz Ole, et al., "Swidden Change in Southeast Asia: Understanding Causes and Consequences", *Human Ecology*, 2009, 37 (3): 259-264.

Myllyntaus Timo, et al., "Sustainability in Danger?: Slash-and-Burn Cultivation in Nineteenth-Century Finland and Twentieth-Century Southeast Asia", *Environmental History*, 2002, 7 (2): 267-302.

Newbold Tim, et al., "Global Effects of Land Use on Local Terrestrial Biodiversity", *Nature*, 2015, 520 (7545): 45-50.

Otterman J., "Baring High-Albedo Soils by Overgrazing: A Hypothesized Desertification Mechanism", *Science*, 1974, 186 (4163): 531-533.

Popp A., et al., "Land-use futures in the shared socio-economic pathways", *Global Environmental Change - Human and Policy Dimensions*, 2017, 42: 331-345.

Potapov Peter, et al., "The Last Frontiers of Wilderness: Tracking Loss of Intact Forest Landscapes from 2000 to 2013", *Science Advances*, 2017, 3 (1): e1600821.

Ramankutty Navin, Foley Jonathan A., "Estimating Historical Changes in Global Land Cover: Croplands from 1700 to 1992", *Global Biogeochemical Cycles*, 1999, 13 (4): 997-1027.

Rambo A. Terry, "Shifting agriculture in Asia: Implications for Environmental Conservation and Sustainable Livelihood", *Mountain Research and Development*, 2010, 30 (1): 56-57.

Robert Kennedy, et al., "Implementation of the LandTrendr Algorithm on Google Earth Engine", *Remote Sensing*, 2018, 10 (5): 691.

Roder Walter, Phengchanh Somphet, Maniphone Soulasith, "Dynamics of Soil and Vegetation during crop and Fallow Period in Slash-and

-burn Fields of Northern Laos", *Geoderma*, 1997, 76 (112): 131-144.

Rogan J., Yool S. R., "Mapping Fire-induced Vegetation Depletion in the Peloncillo Mountains, Arizona and New Mexico", *International Journal of Remote Sensing*, 2001, 22 (16): 3101-3121.

Rossi Jean-Pierre, et al., "Decreasing Fallow Duration in Tropical Slash-and-burn Agriculture Alters soil Macroinvertebrate Diversity: A Case Study in Southern French Guiana", *Agriculture, Ecosystems & Environment*, 2010, 135 (112): 148-154.

Russell W. M. S., "Population, Swidden Farming and the Tropical Environment", *Population & Environment*, 1988, 10 (2): 77-94.

Seneviratne Sonia I., et al., "Land radiative management as contributor to regional-scale climate adaptation and mitigation", *Nature Geoscience*, 2018, 11 (2), 88-96.

Shao and Lunetta., "Comparison of Support Vector Machine, Neural Network, and CARI Algorithms for the Land-caver Classification Using Linited training Data Points", *ISPRS Journal of Rhofogrammetry and Remofe sensing*, 2012.

Shimizu Katsuto, et al., "Patch-Based Assessments of Shifting Cultivation Detected by Landsat Time Series Images in Myanmar", *Sustainability*, 2018, 10 (9): 3350.

Silva J. M. N., et al., "Assessing the Feasibility of a Global Model for Multi-temporal Burned Area Mapping Using SPOT-VEGETATION Data", *International Journal of Remote Sensing*, 2004, 25 (22): 4889-4913.

Sagan C., et al., "Anthropogenic Albedo Changes and the Earth's Climate", *Science*, 1979, 206 (4425): 1363-1368.

Sulistyawati Endah, et al., "A Simulation Model to Study Land Use Strategies in Swidden Agriculture Systems", *Agricultural Systems*, 2005,

85 (3): 0-288.

Taubert F., et al., "Global patterns of tropical forest fragmentation", *Nature*, 2018, 554 (7693): 519-522.

Therik Tom., "The Role of Fire in Swidden Cultivation: A Timor Case Study", ACIAR; 1999: 77-79.

Tinker P. Bernard, et al., "Effects of Slash-and-burn Agriculture and Deforestation on Climate change", *Agriculture, Ecosystems & Environment*, 1996, 58 (1): 13-22.

Tran D. X., et al., "Characterizing the Relationship Between Land use Land Cover Change and Land Surface Temperature", *Isprs Journal of Photogrammetry and Remote Sensing*, 2017, 124: 119-132.

Vadrevu Krishna Prasad, Justice Christopher O., "Vegetation Fires in the Asian Region: Satellite Observational Needs and Priorities", *Global Environmental Research*, 2011, 15 (1): 65-76.

van der welf G., et al., "CO_2 Emissions from Forest Loss", *Nature Geoscience*, 2009, 2 (11): 737-738.

Van Noordwijk Meine, et al., "Swiddens in transition: shifted perceptions on shifting cultivators in Indonesia", Bogor (ID): ICRAF Southeast Asia Regional Office, 2008: 4-6.

Van Vliet Nathalie, et al., "Is There a Continuing Rationale for Swidden Cultivation in the 21st Century?", *Human Ecology*, 2013, 41 (1): 1-5.

Van Vliet Nathalie, et al., "Trends, Drivers and Impacts of Changes in Swidden Cultivation in Tropical Forest-agriculture Frontiers: A Global Assessment", *Global Environmental Change*, 2012, 22 (2): 418-429.

Verchot Louis V., et al., "Land-Use Change and Biogeochemical Controls of Methane Fluxes in Soils of Eastern Amazonia", *Ecosystems*, 2000, 3 (1): 41-56.

Vien Tran Duc, et al., "Using Traditional Swidden Agriculture to Enhance Rural Livelihoods in Vietnam's Uplands", *Mountain Research & Development*, 2009, 26 (Aug 2006): 192-196.

Vijay V., et al., "The Impacts of Oil Palm on Recent Deforestation and Biodiversity Loss", *Plos One*, 2016, 11 (7): e0159668.

Woodwell G. M., et al., "Global Deforestation: Contribution to Atmospheric Carbon Dioxide", *Science*, 1983, 222 (4628): 1081-1086.

Xiao Xiangming, et al., "Recovery of Vegetation Canopy after Severe Fire in 2000 at the Black Hills National Forest, South Dakota, USA", *Journal of Resources and Ecology*, 2011, 2 (2): 106-116.

Xu Hui, et al., "Sensitivity to Climate Change of Land Use and Management Patterns Optimized for Efficient Mitigation of Nutrient Pollution", *Climatic Change*, 2018, 147 (3), 647-662.

Ziegler Alan D., et al., "Carbon Outcomes of Major Land-cover Transitions in SE Asia: Great Uncertainties and REDD+policy Implications", *Global Change Biology*, 2012, 18 (10): 3087-3099.